智变与赢道

子告◎编译

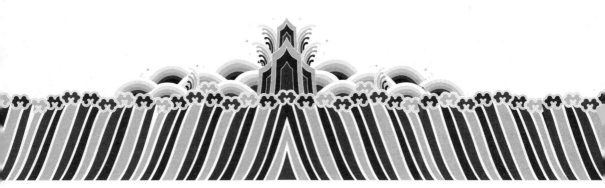

中国华侨出版社

·北 京·

图书在版编目 (CIP) 数据

智变与赢道 / 子告编译 .—北京：中国华侨出版
社，2004．10（2025．4 重印）
ISBN 978-7-80120-873-6

Ⅰ.①智… Ⅱ.①子… Ⅲ.①谋略—通俗读物 Ⅳ.
① C934-49

中国版本图书馆 CIP 数据核字（2004）第 100623 号

智变与赢道

编　　译：子　告
责任编辑：唐崇杰
封面设计：周　飞
经　　销：新华书店
开　　本：710 mm × 1000 mm　1/16 开　　印张：12　　字数：143 千字
印　　刷：三河市富华印刷包装有限公司
版　　次：2004 年 10 月第 1 版
印　　次：2025 年 4 月第 2 次印刷
书　　号：ISBN 978-7-80120-873-6
定　　价：49.80 元

中国华侨出版社　北京市朝阳区西坝河东里 77 号楼底商 5 号　邮编：100028
发 行 部：（010）64443051　　　　　　传　真：（010）64439708

如果发现印装质量问题，影响阅读，请与印刷厂联系调换。

前　言

冯梦龙《智囊》有这样一段话："古今谋事者，以智而变，以变而行，以行而成者，皆是天下聪明人。观其人，可于不定之情势，以灵妙之计成己之事。"可见，如果一个人能不善于智变，要想成己之事，实属不易；另外，再把这个问题引申到人生攻守方面，同样适用。

人生表面上不是一盘棋，但实为人人都在心里下的一盘棋。你与他、他与别人因时因地的不同，都有可能成为对手。更何况，只有在与对手的竞争过程中，才能让你变得更强大，这就理所当然地离不开攻守术。

智变与攻守的关系是什么呢？大智带来大变，更带来出人意料的人生攻守，可见"智变"与"攻守"两者的因果关系是：只有把此两者发挥到极致，让对手感到震颤，你才能成为一个优秀的"人生攻守"大师。

因此，智变犹如一根"指针"，总能给你指出一条走出绝境的方向；失去它，即使你的能力盖过所有对手，最终也会被对手击倒在地。

本书开列了关于"智变"的一些分类，不妨一看：

一、做事不能一味地逆着来，更不能失去"顺变之势"而"对着干"。此当谋大事必须做到的求赢之道。

二、如何算出下一步与上一步的成功关系？这是做大自己的一种优良方式。如果把"算"与"变"结合起来，即在算中变，在变中算，则会形成一种有序的成功章法。

三、学会身变，即因时不同而重新给自己定位。做不到这一点，就会随时被淘汰出局。因此身变，即一种控赢的智略。

四、在最佳时机里发生转变，即变换重新开始的局面，需要对"势"的精锐发现，否则就可能失去时机，而留下一种无法更改的失败事实。

五、"心有多大，就能做成多大的事"，这是一句常挂在嘴边的话，但究竟有多少人能如此？心变之道在于：不断扩大自己的心中目标，哪怕是遭遇逆境，也不放弃任何努力。

六、防变是指防人之变，即不能因对手变换之后自己坐以待毙。这种教训，至为深刻。不变之变，是一种变，但必须有高明的智略来驾驭。常人往往难以做到。

这些智变之道对于一个人如何获取赢得，是大有帮助的，例如秦始皇、张良、王莽、诸葛亮、杨坚、李世民、张居正、寇准、努尔哈赤、忽必烈、刘伯温、康熙、雍正、纪晓岚、慈禧、张之洞等，都是这样，他们精于在复杂的情况下，以智为本，以变为用，把自己的人生盘活，把自己的目标做大，为此成就了常人所不能相比的超级成功。

站在今天的角度看，如何合理地把握"智变"与"赢道"的关系，是非常有意义的，至少可以给想成大事者提供一种思维的角度！这也是本书主要目的之一。

目 录

算变与智赢
暗手厉害，明手同样厉害

巧变与攻赢
点到为止与全攻全守

明变与运赢
掌握"树上开花"的成事之道

防变与守赢
用盾和矛较量在于魄力十足

思变与闯赢
沿着目标大步流星走下去

细变与退赢
不越过对手的界线，不跨过对手的防区

敢变与心赢
不能更改的事情就别再想它

壹 强变与争赢

不放过任何一个改变局面的机会

- 所谓强变，是指在势局不利或被动的情况下，用心强之法敢于突破，敢于争赢。此为一种在关键时刻爆发的人生攻防术。
- 秦始皇眼力犀利，能够辨清各种局况，从不放过任何一个决定命运的机会。极其擅长"强变"与"争赢"之道。

≫ 在关键时刻猛然一击

　　最善于管人者往往都能在关键时刻采取"猛然一击"之法，去制约对手的欲望和势力，而不是在平时做些小打小闹的事。这种管人的胆量是需要强大的信心为支撑的，尤其需要在关键时刻果敢出手，令对手猝不及防。秦始皇管人含而不露——先让对手"显山露水"，然后在关键时刻拿出"猛然一击"织道，令对手浑身冒出冷汗。这叫不出手则已，一出手便震惊人心。

　　公元前 238 年，也就是秦王政九年，嬴政举行成年典礼——加冠礼，这时，他已经二十二岁了。

　　秦王政的加冕大典定于当年四月己酉日在雍城的蕲年宫隆重举行。而此时吕不韦、两大政治集团争夺秦国最高统治权的白热化斗争，又使得这场加冕大典的背景和气氛显得阴龇沉沉，暗藏杀机。加冕大典的举行无疑是秦王政与吕、两大集团正式决战的序幕。年轻的秦王政能大获全胜吗？精明的吕不韦会俯首称臣吗？放荡的赵太后能甘愿从此蛰伏深宫吗？狂妄的会不会狗急跳墙，冒险做最后一搏？

　　秦王政除掉了弟弟长安君后，因镇压有功，更加受宠，气焰也更加嚣张。自从被封侯以后，太原郡就成为国中之国了。史书上是这么记载的："封宦者为长信侯，赐山阳之地作为食邑。"

这道诏令发布之后犹如一石激起千层浪，在秦国朝野引起了强烈震动。那些在战场上出生入死的将军们自然是愤怨难抑：封赐臭名昭著的"大阴人"，非但打破了秦国自商鞅变法以来形成的"非有军功不得予爵"的政治传统，而且与同朝这件事情本身就是对他们人格上的一种严重侮辱。那些依附于吕不韦门下的朝臣食客们心中却替吕不韦打抱不平：同为太后之情夫，吕不韦是何等人也，乃三朝元老、当朝宰相、国君之"仲父"！而又为何等人也，乃无一技之长的市井无赖！今天竟得以封爵长信侯，食邑山阳地，其政治待遇竟与吕不韦完全相等。那些对秦王室忠心耿耿的臣僚们则大为迷惑不解：即将亲政的大王这是怎么啦？难道不知道与太后的秽事丑闻早已在天下传得纷纷扬扬、有声有色了吗？难道不怕国人耻笑堂堂国君竟然公开封赏自己母亲的情夫吗？

是吕不韦让其假扮成宦官送入宫侍奉太后的，他越来越不满足于自己仅仅是供太后淫欲取乐的男宠角色，越来越不甘心于以一个假宦者身份蛰伏深宫之中。他不仅渴望在赵太后的床笫上完全取代吕不韦的位置，而且更渴望在秦国政治生活的舞台上公开登台亮相，赢得与吕不韦并驾齐驱、分庭抗礼的显赫地位，进而觊觎王冠，成为天下最强大国家的至尊。

随着嫪毒政治地位的扶摇直上，其私人势力也迅速地扩充膨胀。首先受到打击的是把持国柄，独断朝纲的吕不韦。由于赵太后鼎力扶持，秦王政的宠爱，嫪毒野心大增。他赤膊上阵，明目张胆地向吕不韦的政治权威提出挑战。

有一次，嫪毒与宫中的侍臣及一些贵族大臣赌博，因口角而动起手来，嫪氏二目圆睁，大声斥骂说："我是秦王政的继父，你们这些下贱胚子，谁敢碰我！"和他打架的人闻言顿时目瞪口呆，吓得仓皇逃走，并将氏言行密报了秦王政。

怒火中烧的秦王政闻言也气愤难平，恨不能立即将嫪氏除掉，于是命蒙恬、蒙毅点齐一万屯卫军骑师，以游猎为名，保护赢政开往雍水械阳宫。赢政头顶金盔，身披铜甲，仗剑乘马，由西而进。

嫪毐这时正在岐山采猎，听说秦王政带大军到雍水，便不敢见秦王政，带二三百飞骑，绕道渭水之南，回到咸阳，情势已急如燃木了。

秦王政一到雍水，命蒙恬、蒙毅指挥军马把械阳宫团团围住。

次日，秦王政命蒙恬、蒙毅护驾，又命老相国昌平君、昌文君二人带七千铁骑返回咸阳城，欲扫平嫪毐。秦王政自统三千多精骑在后，为昌平君、昌文君的殿军。千骑尘生，万骑雷动，奉命扫平嫪毐的大军，直逼咸阳西城三门。

相国昌平君、昌文君指挥七千铁骑，从咸阳西城三门如狂风一般扫入城中，三条大宽街道上，马蹄在黑夜撞出火星儿，如赤地之云般闪动。一万铁骑鞍上的秦军都把长戈刷地矗向前方，如林丛一样，即使前面有铜墙，也无坚不摧。

经一夜的战事，击败嫪毐一万徒众，死伤三千多人，秦军也死伤了两千多人。嫪毐的门客、好友被斩首三百余人。所余叛众，尽皆降伏乞命。三日后，秦王政一声旨下，把他们都推到渭水河边，全部斩首一个不留。嫪军个个命丧剑斧之下并被推入河中，死尸漂向渭水河，河水为之凝紫浮赤。

奉秦王政之命，按李斯注册，平日和嫪毐往来的官员三十多家，被逮起六千多人，咸阳监牢，人满为患，开审治罪，一片叫苦连天之声。当天下午，嫪毐和他的一批死党在咸阳东五十公里处被当地县令率兵擒住，押往咸阳，途中正好遇到率军追来的蒙毅。

蒙武所带之部只两昼夜便赶到嫪毐的封地山阳。嫪毐在山阳修的那处二十顷大的田庄，四不靠邻，聚集着家甲和姓的家族三千多人，独据一方，聚草屯粮，早有异志。蒙武的骑兵迅如风雷，使嫪毐田庄上的家甲、家族猝不及防。蒙武之部攻入庄中，家甲、家族奋力抵抗了半日，全部被蒙武之部包围，杀死二千多人，其余乞降就逮。蒙武飞书咸阳，请示秦王如何处理嫪氏的方城——田庄。飞书人四日后返回山阳，献上嬴政的手谕："家产尽运咸都，方城烧毁，以免其余党再借此为犬聚之窠。"蒙武奉旨，运走嫪毐的家产财物不计其数。

半月以后，嫪毐田庄已成空府，房屋楼阁上的大木尽被官府扒走，只剩下一些中下木材和未拆的小房屋，还有八千多株树木。蒙武全军放起大火，把一个二十顷大的嫪毐田庄烧得精光，直烧了三日夜方罢。

蒙武烧罢嫪毐府，如风卷云驰般返回咸阳，大家都一心要看秦王政如何处置嫪毐。

嫪毐被擒，成了阶下囚。昔日耀武扬威的长信侯，这回不仅要掉脑袋，而且是被判处"五马分尸"之刑，身首异处，死无全尸了，这就是嫪毐的下场。

秦王政一举灭掉了以嫪毐和太后为代表的势力，赢得了他亲政的第一次重大胜利，为以后解决吕氏集团奠定了基础，他不仅借助了机遇，更多的是去创造机遇，积极谋划，才赢得了对嫪氏的胜利。

》 左右挤压，只留一条缝

　　左右挤压就是管人者凭自己的眼力，发现摆在自己面前的各种大小危险，找出究竟谁是这些危险的"制造者"，然后慢慢地用挤压功夫去治住其心，让其意识到"去给别人找麻烦的人，自己就会麻烦缠身，"从而自己选择一条出路。秦始皇在管人时，特别注意这一点，他并不只是用"棍子"战术教训人，而常常是这样做：左右挤压，只留一条缝。

　　三朝元老，二朝宰相，秦王政的仲父、老师、大恩人吕不韦，以阳翟大贾身份投机政治，取得了巨大的成功，为秦国作出了突出的贡献，而最后，因为权重震主，影响了秦王政的统治，于是秦王政便想要"管一管"吕不韦。

　　吕不韦知道秦王政的想法后，便天天待在自己的相府中不敢出门。自从被处死以后，吕不韦减食废寝，坐在书房中懒见宾客，怕听外面宫卫军的喊叫声，一夕数惊，家人亦惶惶不安。

　　原来，在处理完集团叛乱案后，秦王政不动声色，暗中加紧调查案情，发现"事连相国吕不韦"，因而在这年九月，在处理完氏一案之后，秦王开始集中精力解决吕不韦的问题。

　　在追查氏谋反案的过程中，很多事情渐渐明朗化了：经多方证实，氏原为吕不韦之舍人，他伪装成宦官混进宫中，与太后鬼混，乃是吕不韦一手策划的。这一下秦王终于有了打击吕不韦的理由，而且掩盖住了自己内心的真实目的。

就在吕不韦在家闲居的时候，秦王政给他下了一道圣旨："令文信侯就国河南。"看到这道仅有寥寥数字的诏书，吕不韦起初大感意外，不敢相信自己的眼睛，继而如蒙大赦般地长长出了一口气，紧张恐惧的心情顿时松弛安定了下来：自己这条老命终于还是保住了。因为首先诏书中仍称他为"文信侯"，表明先王赐给他的爵位与荣誉依然得到了秦王政的尊重和承认；其次所谓"就国河南"名义上是逐出国都，实际上是让他回到自己的领地，就食十万户租税，仍不失为一方贵族。年轻君王毕竟还是顾及往日恩师加"仲父"的颜面情谊，未以严酷的"连坐"法仿效秦昭王处死应侯范雎一样加诛于他，而是网开一面，依照昭王逐当朝国舅、权臣魏冉出居封地陶邑的故事，让他远离政治中心，衣食租税，颐养天年。

这种"远离术"究竟能否管住吕不韦呢？秦王政在吕不韦离开咸阳、出居河南后一年多时间里，便陆续得到了令他惊惧不安的消息：吕不韦门下的众多食客活动频繁，奔走游说于山东六国之间，企图为其主子另谋高就；六国使者相望于道，争先恐后地以丞相之职聘请吕不韦到他们国家去施展政治抱负。而吕不韦本人呢，也一改昔日在国都时待罪阙下、诚惶诚恐的衰情颓势，满面春风地接待各国使者，兴致勃勃地拜访当地父老豪杰，眉飞色舞地与众宾客纵谈天下大局，似乎并不是一个"闭门思过"的有罪之身，俨然成为一位雄踞一方的领主，待价而沽的坐贾。而河南又地处中原，四通八达，往来便利，假如有一天吕不韦突然神不知鬼不觉地从领地上消失，又突然意气飞扬地在某国政治舞台上出现，岂不使秦国机密尽失，颜面无存，所有东征计划均须重新制定，统一大业又要大费周折？秦王政于是准备重拳出击，绝不放虎归山，使吕氏集团再度嚣张，对秦构成严重威胁。他断然决定彻底铲除这一危害秦国的祸根。

于是，秦王政又派人快马加鞭，给吕不韦下了一道死旨，彻底断绝了同吕不韦的关系："君何功于秦？秦封君河南，食十万户。君何亲于秦？号称仲父！其与家属徙蜀！"

这道诏书也是一道催命符，宣告了吕不韦人生旅途的终点。蜀地荒蛮偏僻，蜀道艰难凶险，吕不韦已是一位风烛残年的老人，在重兵押送下踏上漫漫长途，即使不死也要活活扒脱两层皮。这道诏书彻底灭绝了吕不韦期冀东山再起的幻想，完全根除了山东六国招纳重用吕不韦的念头。这道诏书的厉害之处，在于秦王政表面上仍以宽大为怀，没有对吕不韦痛下杀手，而实质上却暗藏锋芒，以流徙为名将吕不韦活生生送入坟墓。

吕不韦彻底崩溃了，他再也无颜活在这个世上。于是，在一个凄风苦雨的漫漫长夜里，吕不韦举起那杯斟满鸩酒的铜杯，一饮而尽，踏上了黄泉路。

处掉、吕两大集团后，秦王政大大地舒了一口气。集团的土崩瓦解和吕不韦的自杀身亡，使他摆脱了一切威胁与羁绊，度过了他原来最为忧惧的两大亲政难关，从此他真正成为秦国至高无上的主宰，天底下最强大的国家的君主，可以放心大胆地东征，横扫六国，而用不着担心国内发生什么变故、横生什么枝节了。

总的看来，秦王政对吕不韦运用了以下几种管人之道：

（1）在打击吕氏集团的过程中，秦王政并未抓住吕不韦谋反的真实证据，因此无法将吕不韦以谋反之罪论处。但吕氏毕竟权力过大，党羽众多，存在着争夺最高统治权的重大隐患，秦王不得不先除之，尔后才能大安、才能消除秦国割据分裂的隐患，这才是秦王翦除吕氏的真正目的。

（2）秦王在处理吕氏集团时，避开了真实的目的，而以氏一案"事连相国吕不韦"的原因将吕不韦免职，可见秦王是在避实就虚，避重就轻，这样做的目的自然是为了在革除吕不韦之后稳定朝廷中的亲吕派，这对维护朝廷的稳定有着重要意义。

（3）处理吕不韦一案时，秦王政尽量缩小打击面，以避免出现混乱局面和事态意外发展，求得安定团结，这样，在秦王政亲政伊始，不仅没有给自己造成孤立的地位，相反，由于大势所趋，朝廷中吕不韦亲信势力纷纷倒向了秦王，因而使朝廷很快控制在自己的手里。

可见，秦始皇在管人方面极有章法，张弛得当，轻重结合，显示了惊人的魄力。

》 抓住要害，绝不松手

善管人者，总能避轻就重，从要害处下手。这种手段的厉害之处在于对症下药，药到病除。因此，"除要害"是管人的一大课题。秦始皇性格果断、刚毅，做事有主见，不瞻前顾后，前怕狼后怕虎，他往往能思他人所不能思，为他人所不敢为，特别是他能够抓住要害，果敢下手，令左右惊诧。

中国有句老话叫做"强龙不压地头蛇"，对于秦朝的统治者来说，原六国的贵族豪富们面对新的政权势力，很自然要生出一种排斥感，唯恐原有的经济利益遭到剥夺和损害。因此，他们同秦王朝的摩擦，可能要持续一段相当长的时间。如何管理他们，则成为秦始皇的一大重要问题。

秦王十分清楚，六国富豪们土生土长，他们会凭借较为熟悉的人文环境及地理环境，为保护自己的既得利益来同秦朝周旋，从而有可能使彼此之间的矛盾扩大，甚至危及秦朝政令、法令的顺利贯彻，因而他们之中的一部分，极有可能成为秦朝政权的敌对派。为了加强对这些可能危害天下的富豪们的统治，只有让他们远离故土，将他们集中到首都及其附近地区居住，这样既便于监视和控制，也可免去对刚刚建立不久的大一统封建王朝进行统治的后顾之忧。

大批原六国地区的贵族豪富，携带着大量的金银资财和各地比较先进的农业、手工业的生产技术，也带着各种各样有关商业经营和管理的可贵经验，千里迢迢地来到首都咸阳，安家落户，开始了第二次创业。由此必定极大地促进秦朝京畿地区的经济发展，有利于加强都城咸阳同全国各地的经济联系，大幅度地增加秦王朝的赋税收入，增强了国家的经济实力，从而更有效地维护和巩固了新生的统一政权。这一政治举措作为一种成功经验，后来为刘邦所效仿。

不仅如此，通过大规模的迁豪运动，也大大加强了全国各地的文化交流，全国各地的不同文化如百川归海般涌进了秦朝统治的中心。由此推进了在统一政权下的文化交流与融合，有助于多民族的统一和国家的巩固。

正是由于实施了迁豪这个策略，客观上极大地增强了秦王朝的综合国力。可见，秦始皇抓这个要害问题抓得多么准确。

秦始皇已经解决了上述一大要害问题，他还要解决另外一大要害，即察奸。在秦始皇看来，世上人形形色色，关系复杂，因此必须察奸有术，才能稳固自己。故秦始皇特别精于此道。

作为古代帝王，秦始皇的亲信无疑是太监。始皇嬴政善于利用这些去了"势"的人来监控朝中文武百官，但这些亲信也有被人收买的时候。始皇嬴政一旦得悉则坚决严厉打击。

在公元前212年，始皇嬴政在梁山宫见到已是丞相的李斯出行时车马多得超过了标准，心中对此大为不悦。始皇的宫中有宦官被李斯收买，受命窥探始皇嬴政的动向。这一次，宦官暗中把始皇嬴政的不满告诉了李斯，从此李斯减少了出行的车马。始皇嬴政把李斯的变化看在眼中，判定宦官中一定有人私通李斯，越想越生气，于是把当时在场的宦官抓来拷问，但这些人死也不招。始皇嬴政盛怒之余，命令把这些人全部杀死，此事既出，宫廷震动，谁也不敢再泄露有关始皇嬴政的消息了。

战国时有许多有趣的故事，譬如齐宣王喜欢听人吹竽，但独爱合奏，南郭先生自称吹竽能手，也参与合奏，得到了齐宣王丰厚的俸禄。宣王死，王继位。王也爱听人吹竽，但不喜听合奏，就命乐人们独奏，南郭先生因而闻讯即逃。

燕国时曾有一位官至相国的名叫子之的人物。有一次，他正与部下交谈，突然故意说："刚才从门口跑出来的是匹白马吗？""没有，没有什么马跑出来呀！"大家异口同声地加以否认，但是其中一位却走到门外，煞有介事地报告说："确实有一匹白马跑了出来。"子之由此知道朝臣中谁是不诚信之人。

韩喜侯入浴时在浴盆中发现了小石子，韩喜侯唤来近侍询问："负责浴室的官员一旦免职，其继任者确定了吗？""是的，确定了。""召他到这里来。"韩喜侯严厉地问他："为什么往我的浴盆里投放石子呢？"那人无法隐瞒，招认说："负责的官员被免职，我就可以取而代之，所以才……"

熟悉这些故事的始皇嬴政非常善于了解太监中哪些是滥竽充数者，哪些是察言观色者，哪些是心存不良者，对这些人都严惩不贷。当然，除了打击这一小部分出卖自己的宦官外，始皇嬴政更善于拉拢一批宦官，让他们为自己所用，如太监赵高。始皇嬴政正是利用赵高这样一些亲信去监视身边的一些人，让其互相监控，这样谁都不敢乱说乱动，即便偶有小人，也可轻而易举地就将其消灭了。

始皇嬴政从来不过分宠爱太监，既使用，又严控，不让他们兴风作浪，这就为他的掌权建立了牢固的后方基地。

》》 用好一个人，就能管住一批人

　　管人的根本目的是用人，只有会用人，才能成大事、霸大业。这是一个最基本的道理，如果把管人视为"收拾人"，则非智者所为。无数个案表明："用好一个人，就能管住一批人"，这是非常精深的管人之道，只有"大手笔"者所能为。秦始皇则坚信这一点，所以他不肯轻易地放走任何一个人才，特别是奇才，他更是奉为上宾，视为自己的得力助手。

　　二十三岁的秦王嬴政，以敏锐的眼力看中并留住了尉缭，他并不因尉缭对他形象、人品的判断恶劣而计较，宽厚地优待尉缭，倚重尉缭，与他结下了君臣之谊。此后，在他任何一项决策之中都不同程度地有着尉缭思想的痕迹。

　　譬如，尉缭认为"外无天下之难，内无暴乱之事"，认为那种男耕女织、人民安乐的和平社会才是理想的太平盛世。然而，一旦有战争打乱了人民安居乐业的生活秩序，就要以战止战。这种战当然是以正义之战而伐不义之乱，就是在尉缭这种思想的启示、影响和鼓舞、激励下，嬴政坚定了统一六国，以战止战的信心。

　　以正义之师去攻击非正义之兵，也不是可以轻易取胜的，尉缭对这一点很有见解。他认为要想取得胜利，必须有天时、地利和人和的巧妙而恰到好处的配合，尤其是"人"在其中占有很大的比重，"圣人所贵，人事而已"。嬴政对这种"人事"思想也颇为重视。

尉缭认为，要达到"人和"的目的，则需要采用藏富于民的方针，要不误农时，不损民财，要奖励耕战，使民人个个皆勇于战，勇于赴以战。再则在战时，也要对军中将士明法审令，让将士个个勇于赴死杀敌，更要让将士知令必行，听命必遵。只有这样，才能达到"人和"的目的，军民一条心，才会战则能胜，攻无不克。尉缭的这种思想对嬴政影响很大，为此，他非常崇尚农战的治国原则。

正因为尉缭把人的因素放在了取得战争胜利所必需的第一位，所以嬴政在统一战争中也把"人"放在最重要的位置。在具体实施之中，嬴政坚定地继承了先祖奖励耕战的政策，使秦人以富强支持战争，以好胜参加战斗，以向上进取的精神力求而战无不胜。

对于战争中将帅的作用，尉缭也给予了充分的重视。他认为将帅自受命之日起，以恩惠而赏士卒，且赏罚既不能过之也不能欠之，只有这样，才可以称得上是好将帅。

嬴政对尉缭关于将帅的看法和要求也是心领神会。在统一战争中，嬴政选用了王翦、王贲、李信、杨端和等军事帅才，保证了秦战略战术、军事智谋的正确发挥，从而使秦兼并天下成为现实。

又譬如，在《尉缭子》"战威"一章中，尉缭阐述了军事后勤在战争中所发挥的重要作用。他指出：粮草一定要足够用，否则便"士不行"，武器装备要精良，否则便"力不壮"。

对尉缭军事后勤理论的应用，嬴政更是心领神会，而且在统一战争中发挥得淋漓尽致。在军队所用武器的配备上，嬴政更是修造战船，改造兵车，使它们在战争中创下奇功。

　　在实际战斗的过程中，尉缭还指出了讲求战略战术的机动性、灵活性的重要。他主张先料敌而后动，"正兵贵先，奇兵贵后，或先或后，制敌者也"。在《战威》一篇中，他列举了五个先料敌而后动的条件，即战前要研究制定周密可行的进兵计划；选任合格的统兵将帅；用兵神速；注意利用地形布置攻防；军令如山，违者必究。他认为具备了这五个条件，还要利用敌军的各种地势、人事等方面的弱点，以少胜多，以实击虚，以收到"敌不接刃，而致之"的效果。

　　对于这样精辟的灵活运用战略战术的理论，嬴政更是积极地把它运用到实际战争中去。

　　譬如在攻打赵国时，嬴政就先利用了燕赵两国的矛盾关系，主动而迅速地捕捉住战机，打了一次大胜仗。当秦又屡败于赵军之时，嬴政利用赵国内部君臣之间的矛盾，巧施反间计，轻易地除掉了阻碍秦军攻赵的名将李牧，最后终于大败赵军。

　　攻打魏国之时，嬴政巧妙地利用魏国地势低的弱点，水灌魏都，获得了奇效。

　　由此可见，统一战争中运用的各种奇计妙策，正是嬴政深入研究领会了尉缭的军事思想之后得到的克敌法宝。

　　杰出军事家尉缭的军事谋略在统一战争中发挥了重大作用。以至于在嬴政为自己修建的皇陵之中，也可以见到那些活灵活现的兵马俑列队布阵的形式，与尉缭在他《兵令》一篇中所讲述的军阵形式十分吻合，足见尉缭给予嬴政的影响之深。

　　尉缭可以说自始至终参与了秦统一六国的过程，成为秦王嬴政重要的左膀右臂。

　　秦王嬴政起用尉缭这个杰出军事人才，使一匹千里马得以驯服，甘受驾驭，可以说这是非常机智的一种管人技巧。对于赢政来说，作为一国之君，虽然性情乖戾，却对一个曾经看自己的奇人加以善待，不耻下求，使之尽心竭力地效忠于己，为统一大业的成功加上了最重的砝码，这不能不说是赢政管人的一大明举。

- 做事不能一味地逆着来，更不能失去"顺变之势"而"对着干"。此当谋大事必须做到的求赢之道。
- 张良作为谋士，做决策时能够发现"逆"与"顺"的关系，把重点策略均集中于后者，给人一种稳扎稳打的感觉。从中可发现，不求顺，则无稳，无稳则必败在自己手上。

>> 与知己相遇是幸事

知己是共同谋大事的好帮手。一个人如果没有知己，将会势单力薄，一事无成。对于张良来说，他能相逢知己，可谓一生幸事，由此他找到了自己成功的基石。

张良生于战国末期韩国城父（今安徽亳县东南），贵族之后，祖父张开地曾相韩昭侯、韩宣惠王、韩襄王；父张平继之又相韩僖王、韩桓惠王。

秦始皇十七年（公元前230年），秦灭韩。其时，张平已死，张良年少未仕，其家仍有童仆百余人，不失为高门大族。旧天堂的毁灭，使他像通常的贵族遗少一样，胸中燃烧着复仇的烈火。他试图行刺秦始皇，来为韩国报仇。然而，为泄一己私愤而横冲直撞，只落得事败身危，却丝毫无改于天下大势。这是历史的必然。但是，无论天道、人事，必然中又伴随着许许多多的偶然。张良于走投无路之时，在下邳巧遇黄石公，便是一种"偶然"给他的命运带来转机，使之学业大进，为日后辅佐帝王打下了基础。我们不妨录下这个富有传奇色彩的故事：

一日，张良闲步下邳桥头，见一老人失履桥下，回头呼叫张良："孺子，下取履（鞋）。"张良强忍心中不满，替他取了上来。随后，老人又跷起脚来，命张良给他穿上。对待这个带有侮辱意味的事件，具有不同涵养的人会做出不同反应。起初，张良也曾受潜在的贵族意识驱使，凭着青年人的血气之勇，欲挥拳殴击老者。但是，终因他已久历人间沧桑，饱经漂泊生活的种种磨难，胸怀广远之志，他居然屈下身来，为老人穿上鞋。老人长笑而去，走出里许之地，又返回桥上，赞曰："孺子可教矣。"老人约他五日后的凌晨再在桥头相会。五天后，老者故意提前来到桥上，反而不高兴地责备张良："与老人约，为何误期？五天后再来！"五日后，张良索性于午夜前去等候。其至诚和隐忍精神感动了老者，于是慨然赠他一件无价之宝——《太公兵法》。这位老者就是传说中的奇人：隐身洞穴的高士黄石公，也称"圯上老人"。从此，张良日夜研习兵书，为造就栋梁之材迈出了重要一步。在这个过程中，机遇固然重要，天资也是不可轻视的，而"至诚""刻苦"则是必备因素。

10年读书和任侠，使张良广泛接触到社会的方方面面，成为他汲取智慧的源泉，而其所看到的变幻难测的世态人情，又帮助他深深领悟了《太公兵法》的精妙。在这颠沛流离的10年中，旧的贵族偏见有时还限制着他的视野。但是，统治阶级中的明智人物，一旦脱胎换骨，从旧的营垒中冲杀出来，却往往对世界看得特别清楚，其思想也锤炼得更为犀利。

公元前210年，中国历史上又发生了一个重大事件：一代杰出帝王秦始皇暴病而亡。二世胡亥窃位登基。从此，秦王朝的政局急转直下，各种社会矛盾错综复杂地交织在一起。仅历一年，即秦二世元年（公元前209年）七月，政治风波骤起，陈胜、吴广在大泽乡揭竿起义。在革命风暴的裹挟下，形形色色的人物纷纷出现，张良也凭借着这一广阔的社会舞台，得以大展奇才。

秦二世二年（公元前 208 年）正月，景驹在留县自立为楚王，张良率众前往投靠。哪知，途中偶遇沛公刘邦统率千人略地下邳。两人一见倾心，遂称张良为厩将。张良数以《太公兵法》进说刘邦，刘邦每每心领神会，并能虚心采用其策。张良忍不住喟然长叹："沛公似是天授英主，天成其聪颖！"

这次不期而遇，又是张良成就一生功业的转折点！在中国古代，虽然有所谓"君择臣，臣亦择君"的名言，但是，由于人们活动范围的狭小和眼光的短浅，选择是受到很大限制的。在相当程度上，一个人的成败要取决于际遇，或者说是"命运"（如果不把"命运"说作神秘主义的注解，便不应直斥为纯粹的唯心论，它可作为"际遇"的代名词）。正由于这种特殊的机遇，使他有幸投靠超凡的政治家刘邦，而不是刚愎自用的项羽，或者是徒有虚名的其他人物。从此，君臣相得，如鱼得水；一个是豁达大度、从谏如流，另一个则是智谋过人、屡献良谋。

》在关键时刻运筹于心

　　智胜对手必须靠计策，没有计策的较量都是白费力气。聪明人善于在计策方面动脑筋，并运筹于心。张良在关键时刻是出谋划策的高手，因为他懂得怎样才能治住对手。

　　秦二世二年（公元前 208 年）六月，项梁拥立原楚怀王的孙子熊心为楚怀王。张良心存故国，忙对项梁提议说："君既已立楚王后人，而韩王诸公子中以横阳君成最贤，可立为王，借以多树党羽。"项梁依议，寻得韩成，立为韩王并任命张良为司徒。张良同韩王率兵千余人，西略韩地（指战国时的韩国地盘），在颍川（今河南中部）一带流动作战，时而攻取数城，时而又被秦兵夺回，迟迟未能开创大局面。

　　秦二世二年末，楚怀王命项羽、刘邦分兵西进伐秦。刘邦取道颍川、南阳，准备从武关攻入关中。

　　秦二世三年（公元前 207 年）四月，刘邦行至颍川，又同张良合兵一处，接连攻取十余城。刘邦命韩王成留守此地，另与张良率师南下。

　　同年六月，刘邦大破秦南阳军，逼使南阳太守退守宛城。此时，刘邦灭秦心切，企图绕道而过，直扑武关。张良仔细一想，刘邦当时实力弱小，不可进取京城临大敌！再说，眼前的南阳郡治宛城，本是秦朝统治的一个重要据点，也是沛公军脚下的一根钉子，欲拔除它，轻易可取；越而攻之，则贻害匪浅，正犯了兵家的大忌。正确的用兵之道，只能是稳扎稳打，一方面与各地盟军合作，一方面在西进中逐步发展壮大自己的力量。据此，张良向刘邦献策说："沛公虽急欲入关，秦兵尚众，距（据）险。今不下宛，宛从后击，强秦在前，此危道也。"刘邦心有灵犀，一点即通，立刻偃旗息鼓而还，于破晓前赶至宛城，重重包围。沛公又采纳陈恢建议，以攻心为上，下令招抚南阳太守，赦免宛城吏民。在大军压境的局面下，南阳太守有了活路，当然甘愿献城投降。刘邦如约封他个"殷侯"的爵衔，只是空头称号，无需封地付银，十分上算。因这一招棋得力，满盘随之皆活，全郡数十城群起效尤，迎风而降。南阳本是大郡，人口众多，财富饶丰。刘邦在此招兵买马，储草备粮，兵力很快发展到 2 万余人。

与此同时，北路正进行巨鹿大战，章邯所率秦军主力投降项羽。秦朝的军事支柱倾倒之后，兵力越发枯竭，四方救援不灵。这又造成南北呼应之势，为刘邦顺利进军扫除了障碍。兼之，刘邦所过严禁掳掠，秦民皆喜，自然是得道多助，师行迅速。是年八月，刘邦便攻破通往关中的重要门户武关，开进秦朝腹地。

秦朝南北两线的军事失利，迫使统治阶级内部的矛盾激化，狗撕猫咬日重一日。秦相赵高自知罪责难逃，干脆杀死了二世胡亥，擅立子婴为秦王。赵高又遣使与刘邦通谋，妄想里勾外连，分王关中。刘邦既已胜利在望，岂肯信此诈谋，再分给秦朝权臣一杯羹。他仍旧遵照张良部署，乘胜西进。

同年九月，刘邦麾军趋至山尧关。山尧关倨倚山尧山天险，是通往秦都咸阳的咽喉要塞，也是拱卫咸阳的最后一道关隘，秦派遣重兵扼守此地。刘邦赶到关前，便要驱动 2 万士卒强行仰攻。张良却连连摇头说："秦兵尚强，不可轻举妄动。"刘邦着急地询问应敌之策，张良想了一个逢强智取的方案："臣闻其将屠者子（守将是屠夫的儿子），贾竖易动认利（商贾小人唯利是图，可用财宝打动）。愿沛公且留壁中（暂且在壁垒中按兵不动），使人先行，为 5 万人俱食（增修 5 万人的炉灶和用具），益为张旗帜诸山上（在各山上多树军旗，虚张声势），为疑兵。令郦食其持重宝陷（收买）秦将。"刘邦闻计非常高兴，立即调拨将士分头部署，并派能言善辩的谋臣郦食其、陆贾前往秦营，行施贿赂，伺机劝降。秦将见敌兵遍布山野，一时不明虚实，先已畏惧起来，且又贪恋金钱财帛，情愿倒戈，许诺与刘邦合兵掩袭咸阳。

刘邦得知秦将中计，便以其政治家的果决，当即投袂而起，欲与秦兵联合西进。张良却以谋略家的深沉，又向前进谏说："此独其将欲叛，犹恐士卒不从。不如因其懈怠而击之。"刘邦欣然采纳，引兵绕过山尧关，穿越黄山，大破秦军于蓝田。因出其不意，遂能首战告捷，一直推进到灞上（今陕西西安市东），威逼秦都咸阳。

汉元年（公元前 206 年）十月，秦王子婴战守无方，不得不乘着白马、素车，携带皇帝印玺符书，开城出降。偌大秦王朝，一旦走上下坡路，竟崩溃得如此迅速，这不能不为执政者引作前车之鉴。

刘邦在不足一年的时间里，竟然长驱直入，轻取关中，推翻暴秦。这固然因为秦朝的腐朽和项羽等盟军转战河北诸地，牵制了秦军主力，打击了各郡县的地方武装，使刘邦在西进途中未遇强敌。但是，若无文臣武将的强攻智取，特别是张良的正确战略战术的指导。要想顺利地夺关斩将，取得如此神速的胜利是根本不可能的。

≫ 时刻保持头脑清醒

头脑清醒者一定能不为时局和假象所乱，因为他们能够看清问题的真假。张良在危急时刻，不被对手的虚假之招乱了眼睛，所以才化险为夷。

秦亡之后，天下权利如何在几股反秦势力之中分配？围绕这一问题，引起了新的争夺。其实，最有实力者当首推项羽，其次是刘邦。所以，正确处理同项羽的关系，就成为刘邦的当务之急。

当初，刘、项的"共主"楚怀王曾经定下约定："先入关中者，王之。"刘邦虽然抢先入关灭秦，但他在摧毁秦王朝的军事力量方面，根本不可与项羽的战功相比。早在两路分兵时，怀王及其左右将校偏袒刘邦，故意使刘邦为其易，取道南路；而使项羽为其难，取道北路，遇秦主力。巨鹿大战缠住了项羽，影响了其前进的步伐，但却大大减轻了刘邦的军事压力。因此，刘邦想要称王关中，号令群雄，在政治上独居霸主地位，决不会为不可一世的项羽所接受。更为主要的，是双方实力的对比相当大。巨鹿之战后，项羽收降、改编了秦朝的军队，后来项羽恐秦朝降卒军心不稳，入关后发生变故，于是把秦朝降卒 20 万人统统坑杀在新安（在今河南渑池城南），吸收了沿途的兵民，一时军威大振，兵力迅速发展到四十余万（号称百万），而刘邦直至灭秦之后，所有兵力仅有10万（号称20万）。论将才，项羽本人力可拔山，威风凛凛，其麾下又聚集着许多第一流人才：骁勇善战者有黥布、龙且、钟离昧等等；智虑超群者有范增、陈平诸人，实在是猛将如云，谋士如鲫。刘邦虽然机警有余，可惜其勇武不足，他的手下周勃、灌婴、樊哙之辈，当时的声威也不及黥布、龙且、钟离昧等人。刘邦最大长处是知人善任和恢宏大度，这尽管是最重要的政治素质，但并不能靠它无条件地扭转乾坤，而只能慢慢地积蓄力量，逐渐改变力量对比。

在强弱不敌的形势下，刘邦一度误用下策。有人向他建议："关西之富，胜过天下十倍，而且地形险要。现在章邯投降项羽，项羽封之为雍王，令他称王于关中。章邯来，沛公恐不得占有此地。现应抓紧时机，派兵驻守函谷关，不要放诸侯军进来。然后征集关中士卒壮大自己的力量，以与项羽抗衡。"刘邦从其计，背着张良，擅自派兵扼守函谷关要塞。如此一来，就使楚汉原已存在的矛盾迅速表面化。

项羽率兵来到函谷关时，见关门紧闭。又见关上刘邦守军，不由得大为生气，遂命英布督军强攻。十二月，项羽军击破函谷关，进驻新丰、鸿门（两地均在今陕西临潼东北）。紧接着秣马厉兵，欲与刘邦决一死战。

项羽的谋士范增对项羽说："昔日刘邦是个贪财好色之徒。这次入关以后，他却不贪财宝，不近女色，可见他志向不小。务必速取之，勿使良机坐失。"

谁知项羽剑拔弩张要消灭刘邦之事，却惊动了项羽的叔父、张良的好朋友项伯。项伯欲报答张良的救命之恩，坐卧不安，便决定给张良通风报信。

是夜，项伯骑马偷入汉营。他找到了张良，把项羽的计划和范增的主张一五一十地告诉了张良，并劝张良赶快逃离刘邦，不要待在此处等死。

张良头脑冷静，足智多谋。他听了项伯的话，不动声色，平心静气地说："我奉韩王之命，送沛公（刘邦）入关，现在沛公有急，我偷着走人不合义理，理应告知。"项伯听了张良一番入情入理的话，更钦佩其为人，遂答应张良的要求。于是张良马上来到刘邦那里，把项伯的话告诉了他。刘邦听了大吃一惊。

张良问刘邦："您估计，您的士卒可以抵挡住项羽的大军吗？"

刘邦沉默了一会儿，说："实在不能。但是有何计？"

张良说："为今之计，只有靠项伯挽回。请您去告诉项伯，说您不敢背叛项羽。"

刘邦不愧是一代人杰，既善于随机应变，又能伸能屈。他问张良："你跟项伯有交情吗？"张良告知旧事。

刘邦又问："你跟项伯谁大一些？"

张良说："项伯比我大。"

刘邦说："那就把他请来，我以兄长待之。"

于是张良出来，去请项伯，劝他无论如何去见一见刘邦。项伯本来无此议程，只想把张良带走，但难却情面，只好随张良一起去见刘邦。

刘邦见项伯到来，像见到老相识一样，设宴款待。他先尊项伯为兄长，与他结为婚姻之好，然后委婉陈辞说："我入关以后，清查了户口，封存了府库，一点不敢私取，只等项将军的到来。我之所以派兵守函谷关，主要是为了不让盗贼乱兵出入，以防不测。我拿下咸阳以后，日日夜夜盼望项将军到来，以便移交，哪能谋反呢？还是请您把这些情况如实告诉项羽。"刘邦的一番巧舌争辩，项伯竟信以为真，满口答应刘邦的要求，并对刘邦说："明日一早，您务必亲自去向项羽说明，表示歉意。"刘邦只好同意了。

项伯回营将刘邦之言尽禀项羽，并说："如果不是刘邦先攻入关中，你怎么能这么快就入关呢？人家现在立了大功，你不但不赏，反而要进攻人家，这是多么不义呀！你应该乘机好好招待他才对。"项羽本来就是一个四肢发达、头脑简单之人，项伯的一番说辞，他听了觉得甚对。为进一步验证，他决定明日刘邦来营之后，当面责问，再做决定。

次日清晨，刘邦带领张良、樊哙和百余骑兵来到鸿门，见面之后，刘邦开门见山，单刀直入，向项羽赔罪说："我和将军勠力攻秦，您横扫黄河以北，我转战黄河以南。未料我竟然能首先攻入关中，推翻暴虐的秦朝，在这里跟您重逢。我们兄弟相会，这本来是一件大喜事。不料如今竟有小人从中挑拨离间，使我们之间发生误会。"刘邦这话说得有理有节，依据先前怀王所定，刘邦进关也是名正言顺，并无非分之处，相反项羽倒有违约之嫌。这"小人"二字，自然转骂到项羽头上。项羽却并不具备一般政治家强词夺理的气质，又无随机应变的才干，一时窘迫，竟露出底牌，脱口说道："这是沛公的左司马曹无伤对我讲的，说你欲王关中，令子婴为相。不然，我怎能如此。"

于是项羽请刘邦赴宴。席间，范增多次向项羽使眼色，并屡次举起佩带的玉向项羽示意，要他下决心杀掉刘邦。可是项羽毫无反应，依旧饮酒。张良对席间局面了然于胸，暗思对策。

范增见项羽无意杀掉刘邦，又不愿失去大好时机，就离开宴席，叫来大将项庄，授意他去舞剑助兴，伺机击杀沛公。于是项庄按范增的吩咐在宴席上舞起剑来。然而这个用意又被项伯看穿了，他也拔剑起舞，并用身体时时掩护刘邦，使项庄无法下手。

张良见形势紧迫，便急忙辞席去找樊哙，对樊哙说："项庄舞剑，意在沛公。"命他速去救驾。樊哙一听事情如此紧急，便一手握剑，一手拿着盾牌，撞倒军门卫士，闯进帐内。但见他怒发冲冠，圆睁双眼，瞪着项羽。项羽见状大惊，慌忙问道："这是什么人？"

张良说："此为沛公的参乘樊哙。"

项羽不住口地称赞说："壮士！快赏酒！"

樊哙接过酒，站着一饮而尽。

项羽见樊哙如此豪爽，欣然说道："赏他一只猪腿！"

樊哙把盾牌放在地上，放上猪腿，用宝剑边切边吞。不一刻工夫，一只猪腿便到了樊哙的肚里。项羽愣住了，又问樊哙："壮士，还能喝酒吗？"

樊哙镇定自若，大声回答："我死都不怕，何畏喝酒？"

项羽大惊道："这话是什么意思？"

樊哙接着说道："昔日，楚怀王和诸侯有约在先：谁先攻入咸阳，谁就称王。现在沛公首先打败秦兵攻入咸阳，毫毛不敢有所取，封闭所有的宫室，驻军灞上，等着大王前来主持。沛公这样劳苦功高，你不但不封赏，反而听信谗言，要杀害有功之人，这不是重蹈秦朝灭亡的覆辙吗？我认为这太不对了！"

听了樊哙一番理直气壮地回答，项羽瞠目结舌，自觉理亏，没话回对，只是连声向樊哙让座。樊哙这才坐在张良身边。

刘邦见气氛有所缓和，知道此地不可久留，正可借机脱身，便向项羽说道："大王，我去茅厕方便一下。"

项羽已有几分醉意，也不多想，便摆了摆手。刘邦即离开宴席。张良、樊哙跟着出来。樊哙对刘邦轻声说:"马已备好,请沛公快点离开此地。"

刘邦说:"不辞而别,如此合适吗?"

张良说:"大行不顾细节,大礼不辞小让。如今人方为刀俎(菜刀和砧板),我为鱼肉,随时有被宰的危险,怎么还顾得上告辞。"

刘邦又说:"我这一走,你怎么向项羽交代?"

张良说:"您只管与樊哙脱身,我自有良策。"

于是,刘邦由樊哙等人护驾,抄小道,轻骑简从,向灞上狂奔而去,留下张良与项羽等人虚与委蛇。

张良推算刘邦一行已到了军营,乃从容返回大帐。项羽问道:"沛公去哪儿了?"

张良从怀中取出白璧一双、玉斗一对呈上道:"沛公已醉,怕失礼仪,不能辞行。他让我把白璧一双恭献大王,玉斗一对敬献亚父。他见您和您手下的人有意作对,所以一个人走了。如今已经回到军中。"

项羽接过白璧,边赏玩边说道:"嗨!沛公也是,为何不辞而别?"

张良道:"大王与沛公情同手足,只是大王部下有人与沛公有矛盾,想将沛公杀害,嫁祸大王。大王初定天下,正应宽厚待人,仁义天下,不应疑忌沛公。沛公若死,天下必讥笑大王,大王何必坐受恶名?譬如卞庄刺虎,一计两伤,沛公不好明言,只好脱身避祸,静待大王自悟。大王圣明,一旦醒悟自然理解,就不会怪罪沛公不辞而别。"

项羽本来多疑,听了张良言语,反疑范增,双眸凝视范增多时。范增因计未成本已心中十分懊恼,再见项羽凝视自己,不禁怒气冲天,突然站起抓起张良敬献的那双玉斗,摔在地上,拔出宝剑,一剑击得粉碎。随后气愤地走出大帐。在帐外,他仰天长叹:"唉!竖子无知,不足与谋,日后取得江山者必是刘邦！我们就等着做他的俘虏吧！"

刘邦一回到灞上，马上命人将曹无伤押来。刘邦脸色铁青，大声说道："曹无伤，你知罪吗？"

曹无伤见事情已经败露，非常恐惧，"扑通"一声跪倒在地，连连求饶："沛公饶命，沛公饶命！"

刘邦道："你怎敢出卖于我，我待你不薄，没想到你竟然吃里爬外陷害于我，你还有何话可说？"

曹无伤泣涕连声打自己脸求饶道："我不是人，我不是人，我对不起沛公，对不起众位弟兄！"

刘邦说道："你这个吃里爬外的东西，编造谎言，险些置我于死地，若不杀你，天理难容！来人，将曹无伤推出帐外，枭首示众！"

曹无伤立刻被处死了。

几天以后，项羽带领人马向西进发，屠了咸阳城，杀了子婴，放火烧毁了秦朝的宫室，包括绵延300多里的阿房宫在内，大火三月不灭。并把秦宫的财物美女劫掠一空，富丽堂皇的咸阳城一下子变得满目苍凉，成为一片废墟。关中百姓目睹项羽的所作所为，愈加仇视项羽，拥护刘邦。

是时，韩生向项羽建议说，关中地区乃天府之国，左有淆山函谷之天险，右有陇蜀山脉之屏障，上有千里草原可以放牧，下有肥沃土地可以取粟。海内无事，可经黄河、渭水将关东物资源源输入；天下有变，可乘舟而下，兵击四方。如果在此建都，霸业可成。

但项羽见咸阳宫室被大火烧得破败不堪，又思念家乡，不同意在关中建都。他说："富贵不还乡，如衣锦夜行，谁能知道呢？"弄得韩生哭笑不得。后来韩生对人说："人们都说楚人是沐猴而冠，果真如此。"意思是说项羽徒具人形而没有人的思想。有人将韩生的话报告了项羽，项羽暴跳如雷，立刻命人把韩生烹死了。

　　项羽又派人去见楚怀王，要求更改以前的盟约。但是楚怀王不同意。项羽非常生气，下令把他迁往江南，建都郴县（今湖南郴县）。表面上仍尊称他为"义帝"，实际上却削除了他的权力。为了报复楚怀王，项羽还把怀王的土地分封给了诸侯。

≫ 把退身之道摆在首位

　　善于退身是隐蔽自我的一种方略。历史上这样的成功个案为数不少。张良则为其一，他不居功自傲，而是把退身摆在首位，可谓安身有道。

　　汉朝建立后，由于统治阶级内部争权夺利的斗争日益尖锐和激化，貌似妇人的张良又体弱多病，入关后身体越来越不好，所以他干脆"视功名于物外，置荣利于不顾。"闭门谢客，深居简出，采取明哲保身，功成身退的超然态度，成天在家颐养身体，修仙学道。他追随刘邦多年，明了其为人：只可与之共患难，而不可与之共荣华。他经常对人说："我家世代相韩，韩国被灭掉后，我不惜花费万金家财，为韩国报仇。刺杀秦始皇一事使天下震动。现在我以三寸不烂之舌辅佐皇帝，被封为万户侯，作为一个普通人，这已经是登峰造极了，我张良心满意足。我情愿摒弃人间之事，跟着仙人赤松子去游历天下。"

　　张良假托神道，实在用心良苦。对此，宋代大史学家司马光评论说："夫人生之有死，犹如天有昼夜一样，是自然而然，不可抗拒的。自古及今，尚无一人能够超然这一规律而独存于世的。以子房之明辨达理，当然知道神仙之虚妄不实，然其明知如此却要从赤松子游历天下，足见其聪明机智。人臣最难处理之事即为对功名的态度。汉高祖所称道的三杰之中，淮阴侯韩信被诛，丞相萧何入狱，他们难道不是因为功高而不知停步吗？因此子房托于神仙，遗弃人间，超脱世外，把功名看作身外之物，置荣华富贵于不顾。所谓'明哲保身'者，正是张子房焉！"

公元前197年，皇室内部发生了戚夫人争宠夺嫡的事件。刘邦原先立了吕后的儿子刘盈为太子。后来吕后常常留守长安，而戚夫人则与刘邦形影不离，深受宠爱。时间一长，戚夫人经常向刘邦哭诉，请求废掉刘盈，改立自己生的赵王如意为太子。另一方面，刘邦对太子刘盈也不怎么喜欢，经常说："如意类我"，太子刘盈"仁弱"，"不类我"。于是刘邦便想废掉刘盈，改立如意为太子。尽管许多大臣竭力谏争，刘邦一直不肯改变主意。

在吕后无计可施的时候，有人对她说，张良足智多谋，又很受信任，何不向他请教，问他有什么办法。吕后一听，顿悟，遂让她哥哥、建成侯吕释之去找张良。

张良虽然超脱世外，不想多管闲事，但又奈不过吕释之的苦苦哀求，无奈接见了他。

吕释之对张良说："您是陛下的谋臣，现在陛下要废掉太子，您怎么可以放手不管呢？"

张良说："以前陛下打天下的时候，经常处在困厄之中，所以才肯听我的话；现在天下平定，陛下从恩爱出发，想另立太子，这是他们骨肉之间的事情，纵有一百个张良也没有用处！"

吕释之执意要张良出谋划策。张良见实在推脱不过，就说："此事非言语所能动。现在有四个老人，很受皇上尊重，但因皇上对人傲慢无礼，所以他们宁愿躲在深山，也不愿意为朝廷出力。皇上很器重这四个人，若太子刘盈能设法把他们请来做自己的门客，常常带领他们出入朝廷，有意让皇上看见，让他知道'商山四皓'在辅佐太子。这样对巩固太子的地位是很有帮助的。"

吕后遵照张良的吩咐，派人带着太子的亲笔信和丰厚的礼物，把这四个老人接了过来。

公元前196年，黥布谋反，当时刘邦正在生病，就准备让太子刘盈率领军队前去平叛。这四个老人一眼就看穿了刘邦的真实意图，于是向吕释之说："让太子去率军平叛，即使有了战功，地位也不会再高过太子。如果无功而返，就会因此遭祸，失去太子的地位。并且随同太子出征的这些将领，都是曾经和皇帝一起平定天下的猛将。现在让太子去统率他们，就比如让一只驯服的绵羊去统帅一群恶狼，他们不会为太子效命的，因此也很难建立战功。"他们建议吕后赶快向刘邦哭诉求情，就说如果让太子去率领军队平叛，黥布知道后，定会无惧而西攻；皇上虽然有病，但是如果御驾亲征，将领们就不敢不尽力。

吕后果然去找刘邦，刘邦听了，非常不高兴地说："我早就知道这小子不堪重任，还是老子亲自出马吧！"

刘邦率军出发时，群臣都到灞上送行。张良也强支病体，勉强起来去送行。他对刘邦说："我本该跟随陛下前往，无奈病得太厉害了。楚人剽悍勇猛，请皇上勿与之争锋。"张良还建议，让太子刘盈为将军，监护关中的军队。刘邦同意了，就让张良辅佐太子。其时叔孙通是太子太傅，张良就做了太子少傅。

刘邦亲征前曾召集诸将商议。滕公夏侯婴推荐原楚国令尹薛公为刘邦出谋划策。薛公对刘邦说："黥布造反，有上、中、下三计。东取吴，西取楚，并齐取鲁，威胁燕赵，使山东诸侯都反对汉朝，这是上计。东取吴，西取楚，一路向西夺取以前韩、魏之地，据有敖仓之粟，堵塞成皋的关口，这是中计。东取吴，西取下蔡，与南越结盟，向南靠近长沙，这是下策。"薛公又对刘邦分析说："若黥布取上计，天下就大乱；取中计，胜负难分；取下计则迅速失败。黥布有勇无谋，必取下计。陛下立刻亲征，阻止黥布施行上、中两计。"刘邦依照薛公之计率兵亲征，在气势上占了上风。

刘邦和黥布在甄地会战。两军对垒，主帅披挂上马，刘邦和黥布在阵前对话。刘邦高声责骂："我封你为淮南王，你为什么造反？"黥布直率地答道："我也想做皇帝啊！"黥布以臣造反，此言并不能鼓舞士气，倒是激怒了汉兵。刘邦一面斥骂，一面指挥进攻。虽然黥布奋力作战，仍然大败而归。果不出薛公所料，黥布率领一百多残兵败将逃向长沙。长沙王吴臣是黥布的内兄，黥布意欲投奔，结果被长沙王暗中派人杀害了。一代骁将黥布就这样陨落了。

刘邦平定黥布回来，病情更加沉重，更想废立太子。张良劝谏，刘邦不听，张良就称病不问。太傅叔孙通用晋国改立太子，导致晋国数十年的内乱，为天下所取笑，以及秦始皇没有早立太子，结果赵高篡权，诈立胡亥，导致秦国灭亡的经验教训来劝阻刘邦。刘邦见群臣屡次力争，知他们都不愿改立赵王如意，只好对叔孙通说："算了！我不过是开开玩笑，哪能改立太子呢？"但他内心并未消除此念。

在一次宴会上，太子刘盈侍立一旁，那四个老人跟随在太子左右，年龄都在八十以上，须眉皓齿，衣冠甚伟。刘邦见了，感到惊异，一问才知道他们是东园公、角里先生、绮里季和夏黄公。刘邦大吃一惊，说："我叫你们，你们不来，总是躲着我。现在你们为什么愿意跟我儿子来往呢？"四人异口同声地说："皇上一向看不起儒生，经常骂不绝口，我们不愿受人污辱，所以才远远地躲起来。今闻太子仁孝，尊敬贤者，善待儒生，天下谁都想为太子效力，所以我们自愿前来！"刘邦见太子羽翼已成，即使改立赵王如意，恐怕自己死后，帝位未必巩固，这才被迫改变了废嫡立庶的主张。

这场统治阶级内部的政治斗争，尽管轰动朝野，几反几复，但是因为张良的运筹帷幄，终于使吕后和太子刘盈获得了胜利，从而化解了一场可能发生的政治动乱，巩固了汉朝统治，在客观上也有利于时局的安定。

公元前195年（汉十二年）四月，刘邦崩于长乐宫中，太子刘盈继位。公元前189年（惠帝六年），张良去世，谥文成侯，埋葬在谷城山下的黄石岗。

史载张良曾同韩信一同整理过汉时所有各类兵书；唐开元年间设置太公尚父庙，以留侯张良配祭；唐肃宗时又追谥姜太公为武成王，并挑选历代良将十人，称为"十哲"，张良也是其中之一。

纵观张良的一生，他之所以能成为千古良辅，被后世谋臣推崇备至，不仅在于他能运筹帷幄，决胜千里，辅助刘邦创立西汉王朝；还在于他能因时制宜，适可而止，最后，既完成了预期的事业，又在那充满悲剧的封建专制时代里自保，一言以蔽之：功成名就。在秦汉之际的谋臣中，他比陈平深谋远虑，比蒯彻积极务实，比范增气度广阔。他与萧何、韩信并称汉初三杰，但却未像萧何那样蒙受钳郎铐入狱的羞辱，也未像韩信那样落得兔死狗烹的下场。他确有大家的风度，可谓智慧的化身。

叁 算变与智赢

暗手厉害，明手同样厉害

- 如何算出下一步与上一步的成功关系？这是做大自己的一种优良方式。如果把"算"与"变"结合起来，即在算中变，在变中算，则会形成一种有序的成功章法。
- 诸葛亮精于算变，考虑事情细微而透彻，又能用智捕获机会，在猛然间收取对手。此为算赢术。

≫ 头脑灵活，随机应变一下

头脑灵活的人从来不会走到绝路上去。俗话说，变则通，通则活，这也是对诸葛亮七十二种善变术的最好注解。诸葛亮是一个用脑专家，关键就在于他的脑子当中有一个大大的"变"字。

蜀汉建兴六年六月，继曹休出任大司马的曹真，建议曹要主动出击蜀汉，以解决西南方面的防务。这次南征军的编组相当庞大，对蜀汉国防的确是空前未有的挑战。

曹真向曹表示："汉人数入寇，请由斜谷伐之，诸将数道并进，可以大克。"

曹真有意采用人海战术，倾全力攻击蜀汉，一次将之彻底击溃，因此动员的人力非常庞大。曹真军团人数超过五万人以上，司马懿有三四万，郭淮军由各将领的小军团组成，人数也在一两万以上。

这也是司马懿第一次参与对蜀汉的战争，诸葛亮和司马懿这两位日后北伐战场上的宿敌，首次正式交手。

不过，汉中及益州都以地势险要闻名，诸葛亮在防守上面，要比攻击轻松得多，何况诸葛亮一直在汉中前线，蜀汉一直处于备战状态，所以敌军来得虽多，诸葛亮心理压力倒不是很大。

诸葛亮的作战计划相当简单，所谓"兵来将挡，水来土掩"。蜀汉的兵力较薄，却不乏独立作战的大将，加上据险而守，又在自己境内，拥有地利及人和的优势。

他自己率领主力部队，驻屯东方成固地区的乐城，抵挡曹真由子午谷进入汉中的主力，又可阻止曹真和司马懿会合。同时他下令李严由江州率两万人马，前来汉中支援，表封李严之子李丰为江州都督，接替其父亲镇守江州，谨防东吴的动静。

严阵以待地防备了一个多月，却没有看到"一只老鼠或蚂蚁"，到底曹魏的大军哪里去了？诸葛亮每天派遣大量细作，搜集敌人动向情报，并未发现曹魏军越山而来的动静。

曹真于六月中到达长安，首先等待张军团的到来，他命令张由斜谷道进攻汉中，自己则由子午谷道推进，约定在南郑会军。

曹真的大军于八月初出发，刚进入子午谷山区，便碰到连续三十多天的大雨，在谷中绕了一个多月，面对庞大的山雾区，全军迷路了。加上刚建好的栈道被大水冲坏，建了又坏，坏了又建，光是工程就浪费了一个多月时间，曹真的数万大军在大雨中奋斗，真正成了英雄无用武之地。

张的军团也不比曹真好多少，斜谷道地形险恶，下雨天根本动弹不得，又和曹真失去了联系。老经验的张判断天险难斗，干脆退回县驻扎，伺机而动。

由东路溯汉水而上的司马懿，碰到雨季的大洪流，根本上不了路，只好一直停留在豫州，等"天公作美"了。

曹魏的朝廷大臣反对这次的军事行动，同属辅佐大臣的陈群，首先进谏："当年太祖由阳平攻鲁，是趁丰年收割完成之时，但张鲁未攻下，我们就已发生粮食短缺情形。如今未到收割期便出兵，粮食问题必定严重，而且斜谷险阻，难以进退，补给运输费时费力……不可不熟虑也。"

太尉华歆也以大雨为患，不宜发动战争，劳民又伤兵，绝非治国之道。少府杨阜亦上疏表示："徒使大军困于山谷之间，进无所略，退又不得，非王兵之道也。"

散骑常侍王肃建议，天气短期内无法转晴，是"贼得以逸待劳，乃兵家之所惮也"。

曹左思右想后，下诏令曹真班师回长安。

曹真退兵后，张和司马懿各自返回其驻扎本阵。

倒是西战线的郭淮军团行动较顺利，他和魏曜分别攻打武都和阴平，使蜀汉防务一度告紧。

诸葛亮确定曹真等退兵后，便立刻命令魏延和吴懿率军入西羌，由后方干扰郭淮等的补给线。郭淮和魏曜不得已回军迎击之，双方会战于阳（陇西南安祁）。魏延大败郭淮军，也算向曹魏证明了蜀汉国防上的实力。

魏延和吴懿击败郭淮，但以大军深入陇西，防卫和补给方面困难太多为由，清理完战场后，不敢久留，便再度退回武都郡以南。郭淮虽被击败，仍很快守住了祁山的防线。

诸葛亮以战功上表升魏延为前军师、镇西大将军，晋封南郑侯。吴懿为左将军，晋封高阳乡侯。

》 形势不利走为上

自古以来，人们在比较力量的时候，双方总想分出胜负，但是，所有的胜负往往取决于形势，诸葛亮是一位暗度陈仓的高手，他善于走为上，这样可以保存实力，以待将来。

蜀汉建兴六年（228年）冬十二月，诸葛亮率数万军出散关（在今陕西宝鸡市西南），围攻曹魏的陈仓（陕西宝鸡）。

陈仓是自古以来兵家必争之地。当年韩信成功地攻入关中，便是从这个地方"明修栈道，暗度陈仓"。在秦岭山脉中，唯一可容纳较大军团经过的，唯有这条通道。加上地势隐蔽性高，"暗渡"的时候不容易被发现。

另一个特色是，陈仓城腹地很小，容不下太多军队，城外山路崎岖，无法驻扎，故此城虽然重要，守军却不能太多，只能在紧急情况时，再派兵队前来驰援，这一点对进攻的一方较为有利。

但陈仓地势险要，易守难攻，即使少数军力，也可以挡得住数倍以上的进攻部队。

陈仓属关中军区管辖，属于曹魏大将军曹真指挥的范围。

曹真字子丹。是曹氏第二代最优异的将领。曹真之父曹邵，曾追随曹操起义对抗董卓，因公殉职，因此曹操对其遗孤深为怜爱，视同己出，曹真在曹操刻意的调教下长大。

此后曹真屡建军功，夏侯渊在汉中殉职时，曹魏军士气低落，曹操甚忧。曹真志愿为征蜀护军，和徐晃共同数败刘备军，稳定了曹魏阵营的士气。曹丕即帝位后，更以曹真为镇西将军，督雍、凉两州军事，晋封东乡侯。武初三年，升为上军大将军，都督中外诸军事，曾数度击败东吴的北征军，转拜中军大将军，加给事中。

曹丕去世时，特召见曹真，与陈群、司马懿共负辅佐重任，并以曹真为首席辅佐大臣。

曹真不但勇猛，而且富谋略，器量大，相当体恤别人。每次征行，均能和将士共劳苦，军赏不足时，常以家财分赐之，因此甚得军心，士卒皆愿为其所用。诸葛亮第一次北伐时，曹真倾大军围堵箕谷，和蜀汉首席大将赵云对峙。曹真作战经验不若赵云，但赵云也占不了任何便宜，最后反而被迫退军。

而此次，曹真在分析情况后，已判断诸葛亮既在祁山失利，再次北上时，一定会选择陈仓为攻击目标，因此特别安排智勇双全、忠诚负责的豪将郝昭，负责固守陈仓城。诸葛亮仍以魏延为前军司令，用数万兵力包围陈仓。陈仓城是利用山形为城墙而建立的，一般的攻城武器对之产生不了任何效力，魏延数度攻城，皆无功而返。

兵临陈仓城下的诸葛亮眼见硬的不行，只好用软的。由于陈仓守军只有二三千人，而魏延的攻城部队将近二三万人。曹真由长安来的援军，至少要二十天才能到达。诸葛亮便派郝昭的同乡好友靳祥前往劝降，郝昭却答以："吾受国恩和曹将军重用，只有死而后已。"严词拒绝之。

诸葛亮无奈下，只好以云梯车，企图强硬登城而上。云梯是长形的登城梯子，前面张有牛皮，这种牛皮浸过火油，坚固异常，普通刀箭无法穿过。

云梯一般是放在冲锋车上，故称为云梯车，冲锋车是由马匹拉动的巨型战车，车前有大铁柱，是击破城门的工具。

当魏延以云梯车展开猛攻时，郝昭也不是省油的灯，他早探知这种附有牛车的云梯，刀箭不入，但由于浸过火油，所以特别怕火，于是命令部下由城墙上射下大量火箭及滚火球，云梯车瞬间便被烧毁。

郝昭更准备绳连石磨，由城门上砸下来，不久，冲锋车完全破损。

由于陈仓城离城外平地甚高，一般弓箭射不上去，诸葛亮乃设计百尺高的井阑，让士兵在上面用弓箭射击城墙上的防卫士兵。郝昭令士兵躲在掩体内，只要蜀军不攻近城墙，一律不与之对抗，诸葛亮白白浪费数万羽箭，却无可奈何。

诸葛亮下令边放箭，边以土填壕沟，准备强硬攻破城墙，郝昭则下令在城内建筑重墙，使蜀汉大军一点办法也没有。

诸葛亮又下令由城外挖地道，郝昭也下令在城内挖横沟，阻断地道进入城中心，使动员数万兵力的地道工程，同样无法发挥攻城实效。这样的攻防战，连续进行了二十多天，由于郝昭早就接曹真命令，有相当周全的准备，因此不论诸葛亮智慧再高，魏延勇气再够，都丝毫奈何不了他。

相反地，这次诸葛亮是由汉中的行营直接出散关，攻击陈仓军队未曾重新编组及补给，因此，准备的粮秣根本不够。依照诸葛亮的估算，陈仓防守兵力不过数千，如果采用突击战，应该三五天内便可攻破。只要占有陈仓，强化北方防务后，再补足粮食也不算晚。否则在前线的编组和补给工作上耽搁太久，必会泄露军机，到时就难以发挥突击的实效了。

想不到曹真早有准备，加上郝昭英勇无比，诸葛亮的数万大军，一时之间束手无策，反而因为兵员过多，每日粮食消耗庞大，才二十天左右，临时补充的粮秣、器械已严重不足了。

加上敌后情报显示，曹真派遣的费曜军团及由曹指挥的张军团，即将到达陈仓。审视敌我力量之消长，为避免腹背受敌，诸葛亮决定暂时撤军返回成都。

这时候，由王双率领的费曜先锋部队已到陈仓城外，听说诸葛亮退兵，王双恃其猛勇，拒绝郝昭的苦劝率军追赶。诸葛亮早已派遣殿后的魏延在散关附近埋伏，王双不察，全军陷入埋伏圈内，魏延一声令下，埋伏四起，当场斩杀了王双。

当曹魏援军赶到时，诸葛亮已回师汉中。

斩杀王双，成为诸葛亮二次北伐唯一的重大收获。

≫ 牢记"前车之鉴，后事之师"的训导

所谓"前车之鉴，后事之师"告诉人们这样一个道理：前人的失败是后人的老师！诸葛亮并不盲目自大，而遵循这条古训认认真真总结自己、反思自己，让自己每天都进一大步。

从建兴九年（231 年）退军回汉中后，诸葛亮花了三年时间为再次出兵伐魏做了精心的准备。前几次出征，诸葛亮均遇到军粮无法供继的问题，于是诸葛亮加强了力量解决军粮，一方面让暂无作战任务而空闲下来的军队在汉中屯田，"休士劝农"，同时在汉中设立"督农"官，由汉中太守兼任，加强屯田的管理，确保对北伐军粮供应。针对蜀道崎岖难行造成运输的困难，诸葛亮改进了运输工具，创制了流马，并且把储存军粮的府库从赤岸向前推移到斜谷口，使之更接近出兵秦川时的前线，尽量缩短战时运输的路程。由于斜谷口已接近曹魏控制区，转运军粮，仍由部队武装押运。另外，对魏军在交战中采用的长期相峙不出战之策，诸葛亮也准备了对付的办法。为了确保即将举行的伐魏战役的胜利，诸葛亮还派人出使东吴，相约同时出兵攻魏。

建兴十二年（234 年）春二月，诸葛亮率十万大军，从褒斜道出击，开始了第五次北伐曹魏的战役。褒斜道是从汉中穿过秦岭进入关中的三

条通道之一，全长 470 里，主要沿褒河河谷和斜水河谷行进。褒斜道虽是关中至汉中三条通道中较宽阔平坦的，但仍崎岖难行。曹操曾率军从褒斜道攻汉中的张鲁，感叹此道为之"五百里天狱"。此次诸葛亮率大军从褒斜道出攻秦川，也历尽艰辛。在诸葛亮向后主刘禅报告这次行军情况的书信中，称其为"师徒远涉，道里甚艰"。

蜀军经过艰苦行军，终于安全走出斜谷北口，先头部队迅速占领要地。魏国派大将军司马懿率军抵御。司马懿趁河水上涨，蜀军不便增援之机，派出上万骑兵进攻由虎步监孟获率领的蜀军先遣部队营地。诸葛亮一面让孟获坚守，一面下令赶造竹桥准备渡河增援。魏军攻击孟获营地未能成功，又见竹桥快要造成，这才撤军回营。于是蜀军大部队于同年四月顺利进入秦川，屯驻在渭水以南的五丈原。

五丈原在今陕西岐山县城南约 20 公里处，这处土塬高约 100 多米，东西宽约 1000 米，南北长约 4000 米，南面背靠秦岭的棋盘山，北临渭水，东西两面分别是斜水和麦李河，地理位置很重要，是"行军者必争之地"。蜀军主力屯驻在五丈原之后，诸葛亮又派魏延为先锋，率前军出大营 5000 米处驻营。这时，司马懿早已渡过渭河，也在渭水南原背水为垒。于是，魏蜀两军在渭水南原上短兵相峙。如果此时蜀军渡过渭水，登上渭水北原驻营，就能与附近北山的反魏武装联成一气，阻断通往陇西的道路，战况将对蜀军非常有利。但魏军将领郭淮早预料到了这一点，他力排众议，坚持自己的看法，司马懿于是派郭淮率军到渭水北原屯驻。当蜀军渡过渭水争夺北原时，先期到达那里的郭淮虽尚未修筑好营垒工事，但以逸待劳，奋力反击，蜀军未能在渭水之北立足。

同年五月，东吴也出动三路大军攻魏。孙权自率主力攻合肥，另外派陆逊、孙韶各率上万大军，分别在东面进入淮河，西面进入沔水，在两翼声援。曹魏两面受攻，魏明帝曹亲自坐镇洛阳，主持东面的防务，又决定东攻西守的战略，即在东面与东吴交战中采取积极作战，而西面对诸葛亮便只防守不出战。

诸葛亮不断派人去向司马懿下战书挑战，司马懿都置之不理，但魏军将领们却渐渐被激怒。如能利用曹魏两面受敌的时机与魏军决战，当然对蜀军绝对有利，于是诸葛亮派人给司马懿送去妇女的衣服首饰，羞辱他不敢出战，像女人一样胆怯，魏军将领们这下都被激怒，纷纷要求出战，司马懿也假装大怒，上表魏明帝要求出战。魏明帝派卫尉辛毗带着有对将领执法权力的节杖来到司马懿的营地，辛毗手持节杖站在军营门口，下令敢出战者斩。司马懿乘机将军营的外围一一联结起来，长期坚守。诸葛亮也深知司马懿不敢出战。当辛毗奉命来到魏军营地时，姜维说这下魏军不会出来交战了。诸葛亮回答说，司马懿根本就没有出战之心，他的请战不过是做给部下看的姿态而已，将领在外作战，连皇帝的命令都制约不了他。如果司马懿能战胜我，他哪里用得着千里之外去请战呢？

诸葛亮对魏军的固守相峙也早有准备，他的对策是分出一部分蜀军就地屯田。诸葛亮深知魏军长期相峙，是有意拖长时间，让蜀军又出现军粮不继，到那时蜀军欲战不能，只得退军。诸葛亮乘相峙而抽出部分兵力屯田，秋收后便能就地解决相当一部分军粮。有了与魏军长期相峙的基础，总会找到击败魏军，进取天下的有利时机。屯田的将士夹杂在渭水岸边的居民之中耕种，由于军纪严明，老百姓从不受惊扰，社会秩序安定，屯田也能顺利进行。有屯田这一良策，蜀军再也不怕与魏军相峙，养精蓄锐，等待战机。

≫ 长于巧思者不会掉到陷阱中

巧思者总能在激励最小的情况下，获得最大成功概率。诸葛亮能把别人乱思的东西变得精巧起来，从而避免了一个个陷阱，这种能力出自他的判断力！

在军事斗争中，改善部队的武器装备，也是使军队转弱为强的手段。诸葛亮对部队武器装备的重视，在三国军事指挥员中可以说是最突出的。

三国时期的军事指挥家中，没有哪个人像诸葛亮那样对改进部队的武器装备花费那么大的心血，付出那么大的努力，取得那大的成效。

经诸葛亮改善的蜀军武器装备，有弩机、刀、斧、剑、铠甲、蒺藜、木牛、流马等。

弩这种兵器在诸葛亮以前很早就使用了。《太公兵法》说："弩之神名远望。"《墨子》说："二步一木弩，必射五十步以上。"三国曹魏时弩的发射机关，能同时射出四五支箭，又比以前有了改进。

在上述基础上，诸葛亮对弩机又做了改进。史书记载说：诸葛亮"损益连弩，谓之元戎，以铁为矢，矢长八寸，一弩十矢俱发。"1964年3月，在四川省郫都区太平公社的一座晋墓中，出土的一件蜀汉铜弩机实物，证实了上述史书记载不虚。这个铜弩机是蜀汉后主景耀四年（261年）制造的。弩机上刻有铭文：

　　景耀四年二月卅日，中作部左兴业、刘纪业，吏陈深，工杨安作十石机，重三斤十二两。

从铭文拓片上看，"中作部左兴业、刘纪业"似应为"中作部左典业刘纪业"，为政府兵器制作部门中主管连弩制造的官员，"吏陈深"这件或这批弩机的督造官，杨安是具体的制造者。

弩机是弓弩中的重要组成部分。它由"望山"（即瞄准器），"牙"（起勾住弓弦作用）、"悬刀"（扳机）等部件组成。弩的发射程序是：先将弓弦拉开，扣在"牙"上，把箭放在弩臂的沟槽里，经过"望山"瞄准后，扳动"悬刀"，"牙"松开弓弦，将箭射出。

从出土文物及文献记载看，诸葛亮改造过的弓弩已比以前有了很大改进。第一，以前的弩一次只发射 3 至 5 支箭，而诸葛亮改造过的弩一次能发 10 支箭。第二，诸葛亮改造过的弓弩射击力大，有"10 石"之重。1 石是 120 斤，蜀汉 1 斤折合现在 0.4455 斤，10 石，就是 534.6 斤，这么大的力量，射程要比《墨子》所说的 50 步远，穿透力也大大提高。

"十石弩"的力量很大，杀伤力也很强，它在当时是一项重要的军器制作技术的革新。诸葛亮北伐，使曹魏名将王双、张死于伏弩，可见其在对魏作战中发挥的威力。

由于"十石弩"的力量很大，对它制作的技术质量要求就高。正因为"十石弩"的质量要求很高，所以，每铸造一个弩机，都要在上面刻上主管制造、监督制造、亲自制造诸人的名字，以便对产品质量负责任。

这说明诸葛亮对军器制作的要求是非常严格的。

　　诸葛亮在兵器制造的质量方面也是有过教训的。那是在攻打武都的战役中，先锋部队用刀斧砍所攻敌人的防御工事鹿角时，1000多枚刀斧因质量不行，不但没有破坏敌人的鹿角，反而使自损而不能用，几乎误了战机。后来，诸葛亮还专门下教令说：

　　前后所作斧，都不可用。前伐鹿角，坏刀斧千余枚，赖贼已走。间自令作部刀斧数百枚，用之百余日，初无坏者。尔乃知彼主者无意，宜收治之。此非小事也，若临敌，败人军事也。

　　在同一部书卷337《兵部·鹿角》中，记载诸葛亮这一教令说：

　　前到武都一日，鹿角坏刀斧千余枚，赖贼已走，若未走，无所复用。

　　把上述两段文字结合起来，鹿角坏刀斧之事发生在攻打武都之役。为此，诸葛亮淘汰了前后所做刀斧，惩治了主造者的玩忽职守，并总结了"此非小事，若临敌，败人军事"的教训。

　　诸葛亮对兵器制作质量的重视，通过蒲元造刀的故事也可反映出来。

　　蒲元是蜀汉的冶铁专家，性多奇思，发明创造颇多。诸葛亮北伐时，曾让蒲元至斜谷，为军士铸刀3000口。刀铸成后，需要淬火，以增加刀的硬度。蒲元说："汉水之水不可用来淬火，因为它钝弱。蜀江之水，不但爽烈，且为大金之元精，正好淬火之用。"便派人到成都取蜀江之水。在淬火时，蒲元发现所用之水并非纯蜀江之水，而是掺杂了涪江之水。取水者一口咬定水是纯蜀江水，一点不杂。蒲元把刀插入水中，凭经验断定出里面杂有八升涪江水。取水者以为神了，只好坦白说，水的确不纯。因为他在过涪江时，不小心把水洒了八升，便用涪江水补上了。在按照蒲元的要求重新淬火后，所锻之刀锋利无比。为了试验刀的锋利程度，诸葛亮命人在竹筒内装满铁珠，举刀断之，应手悉落。这个故事虽有夸大成分，但它反映了蜀汉在制造军器方面一丝不苟的严格态度，反映出蜀汉制造军器的高超水平。这与诸葛亮的严格要求是分不开的。

诸葛亮对部队的武器装备非常重视，他给作部的许多教令，都对武器装备的制造提出具体要求。

诸葛亮的《作钢铠教》说："敕作部皆作五折钢铠。十折矛以给之。"这就是说，要兵器制作部门用冶炼和反复锻造 5 次的钢铁制作铠甲，用冶炼和反复锻造 10 次的钢铁制作矛。

在诸葛亮严格的要求下，蜀国制造的铠甲防御性能之好，在以后几百年的历史中都有很大影响。

据有关书籍记载，诸葛亮还制造一种叫竹枪的武器，长一丈二，也有的说，枪是"木杆金头，始于黄帝，扩于诸葛孔明"。

为了阻止曹魏骑兵的冲击，诸葛亮还使用了一种名叫铁蒺藜的武器。铁蒺藜又称扎马钉，是我国古代打仗时设置障碍以御敌而用。它用金属铸成（通常是铁或铜），形状似蒺藜，向四个方向分别伸出 4 个利刺，布防时，可随意抛到地上。不论怎样抛，铁蒺藜的四根钉刺总是有 3 根呈三角形支在地上，一根垂直立起。人马一旦踏上，立即被其扎伤。据说，诸葛亮最后一次北伐，在五丈原与司马懿相持。后来，诸葛亮逝世，蜀军退兵。司马懿追之，蜀军长史杨仪布设许多铁蒺藜以阻之。《晋书·宣帝纪》记载说，蜀军退兵后，司马懿派兵急追之，"关中多蒺藜，帝（指司马懿）使军士 2000 人著软材平底木屐前行，蒺藜悉著屐，然后马步俱进。"《晋书》作者是站在以晋为正统的立场美化司马懿的，所以，他只是着力描写司马懿是怎样巧妙地用软底木屐排除蒺藜的。但书中的蒺藜为何物？是自然生长的植物蒺藜，还是人为布置的铁蒺藜？书中似乎有意避而不谈。但仔细推敲起来，就会发现这个蒺藜不是自然生长的植物，因为植物蒺藜不可能阻止马队前进，只有人为设下的铁蒺藜才具有这样的威力。曹魏军派 2000 名士兵穿着软底木屐排除铁蒺藜，足见蜀军设下的铁蒺藜数量之多。密密麻麻一望无际的铁蒺藜如同今天的地雷阵，使司马懿的骑兵望而兴叹。穿木屐排除铁蒺藜哪里是一件迅速的事：因为顷刻之间，2000 多名士卒脚上的木屐底上就会扎满铁蒺藜，士兵们或摘下蒺藜，或换下木屐，这样反复地摘摘换换，等到把蒺藜排除，蜀军早已撤得无影无踪了。《晋书》这段记载，不但证实了《稗史类编》记载的可信，还证实了司马懿追击蜀军行动的失败。

时至今日，在汉中地区还出土过不少扎马钉。不过，这种扎马钉不是铁的，而是铜的。虽然埋藏 1700 多年，但其形状角度至今未变，刺钉仍然犀利扎手。这用实物证明了当时蜀汉铸造工艺的精良，也反映了诸葛亮对武器装备的重视。

关于木牛、流马，在现存《诸葛亮集》内有"作木牛流马法"。其中说，木牛"载一岁粮，日行二十里，而人不大劳"；流马有"方囊二枚"，"每枚受米二斛三斗"，其装载量比原先依靠肩挑背负要多得多。诸葛亮第四次北伐以木牛运粮，第五次北伐以流马运粮，这说明两种运输工具都是在北伐期间为了战争需要才投入使用的。

木牛、流马都是木制运载工具（主要是运送粮食）。由于它们是不吃草的牛，能转动的马，具有牛和马的功能，因而称之为木牛、流马。

木牛是一种木制独轮小车。在汉代以前，我国劳动人民就已经创制出来木制独轮小车，汉代称为鹿车（也叫辗车）。诸葛亮为了适应山地的运输，把这种鹿车加以改进，称为木牛。成都羊子山二号汉墓出土了"骈车"画像砖，从画像砖右下角推独轮小车的人的形象，可以看到木牛的大体轮廓。木牛大体上可载一人一年的口粮（毛粮为六百多斤），这不算少，每天可走二十里，虽然"人不大劳"，但速度不算快，原因除山地运输不方便外，也是由于车轮太小。后来，诸葛亮在木牛的基础上加以改进，制成了流马。流马是木制四轮小车，行走的速度比木牛加快了，也比较平稳。现在陕西勉县的黄沙镇，是诸葛亮制造木牛、流马的重要地点。

由于蜀国畜力不足，山地运输又不方便，诸葛亮运用巧思在能工巧匠蒲元等人的协助下，改进制造了人力运输工具木牛、流马，只用人力推拉，不用铡草喂牲口，对蜀国解决向前线运输军粮的困难，起了一定的作用。

- 天下难事之难在于会遭到对手的强力反击，因此一个"巧"字常可以带来惊喜效果。如何才能这样？这就需要不按常理出牌，变换手法应对这个对手，又变换一种手法应对另一个对手。

- 杨坚的攻略是：不可以硬攻为赢，而要以巧变取赢。所以他的智慧总是呈现网状，让对手神不知鬼不觉地往其中钻。

≫ 拿出绝无仅有的"控制术"

　　管人的根本目的之一是控制住对方，否则就会给自己形成极大的挑战。那些管人有道的智者，都想尽一切办法控制住对方，让他们服从自己的办事意图。杨坚辅政所采取的第一个措施，就是控制北周宗室。杨坚辅政，不同于北周初的宇文护。宇文护辅政，是名副其实的受先帝遗诏，而杨坚辅政，则是刘、郑译等人造的假诏旨。宇文护是宇文泰的亲侄，是皇帝的宗亲，即使是当了皇帝，也没改变宇文姓氏。而杨坚是外戚外姓，如果做了皇帝，天下就是杨家的了。所以杨坚辅政，最大的阻力可能来自北周宗室，因此他采取了绝无仅有的"控制术"。

　　当时北周宗室中，权重位高影响大者有这样几个人：

　　周宣帝的叔叔宇文招。宇文招，字豆卢突，自幼聪颖，博览群书，有文才，好填词写诗，文风效法当时的大诗人、文学家庾信。西魏末，宇文招被封为正平郡公。北周初，又被晋封为赵国公，相继任过柱国、益州总管、大司空、大司马等职。周武帝时，宇文招又被晋爵为王。周武帝第一次伐齐，宇文招担任后三军总管。灭齐战役中，宇文招奉命率步骑1万出华谷，进攻北齐汾州。因在战役中有功，又被迁为上柱国。周武帝末年，又被拜为太师。周宣帝大象元年（579年），下诏以州襄国郡（今河北邢台市南）万户邑为赵国，命宇文招就国赴任。

周宣帝的叔叔宇文纯。宇文纯，字堙智突，北周初被封为陈国公。周武帝保定年间（561—565年），先后任过岐州刺史、开府仪同三司、柱国、大将军、秦州总管、陕州总管等职。建德三年（574年）晋爵为王。周武帝第一次伐齐，宇文纯为前一军总管。灭齐战役中，宇文纯为前一军，率步骑兵2万人守千里径，阻击北齐援助并州的军队，配合主力进攻并州。并州平定后，被进位为上柱国、并州总管。以后，又被迁为雍州牧、太傅。周宣帝大象元年（579年），下诏以济南郡（今山东济南）万户邑为陈国，命宇文纯赴国就任。

周宣帝的叔叔宇文盛。宇文盛，字立久突，北周初被封为越国公。周武帝时被晋爵为王。建德四年（579年）周武帝第一次东伐，宇文盛任后一军总管。灭齐战役中，宇文盛率军连克北齐数城。北齐平后，任相州总管，以后又任大冢宰。周宣帝时迁为大前疑，又转为太保。大象元年（579年），周宣帝诏以丰州（今湖北丹江口市西）武当、安富二郡的万户邑为越国，令宇文盛就国赴任。

周宣帝的叔叔宇文达。宇文达，字度斤突，性格果敢勇决，长于骑射。北周初年，被封代国公，后拜为大将军、右宫伯、左宗卫。周武帝亲政后，晋位为柱国，又任荆、淮等14州十防诸军事、荆州刺史。建德三年（574年），晋爵为王，出任益州总管。宇文达生活俭朴，饮食不尚奢华，不讲究排场。左右侍姬不过数人，穿戴皆很朴素。宇文达也不像其他人那样营求资产，家中没有积蓄。左右曾劝他不要这般清苦，他说："君子忧道不忧贫，何必整日为积财而劳心费神呢！"宇文达在生活上的通达，很为当时社会舆论称道，在士人中影响很大。周宣帝大象元年，以潞州上党郡（今山西长治市北）中的万户邑为代国，令宇文达赴任就国。

周宣帝的叔叔宇文迪。宇文迪，字尔固突，自幼喜爱经史，会作文章。北周初被封为滕国公，后拜为大将军。周武帝亲政后，晋位为柱国，后晋爵为王。建德六年（577 年），宇文迪任行军总管与宇文宪一起征讨稽胡，因战功被升为河阳总管。宣政元年（578 年），又被晋位为上柱国。大象元年（579 年），周宣帝诏以荆州新野郡（今河南新野）万户邑为滕国，令宇文迪就国赴任。

周宣帝的弟弟宇文赞，字乾依，武帝初被封为汉国公，建德三年（574 年）晋爵为王。周宣帝末年，任上柱国、右大丞相。

周宣帝的弟弟宇文贽，字乾信，武帝初被封为秦国公，建德三年晋爵为王。周宣帝末年，任上柱国、大冢宰、大右弼。

周宣帝的叔伯兄弟宇文贤，字乾阳，武帝初被封为毕国公，建德三年晋爵为王，任过华州刺史、荆州总管、柱国。武帝末年为大司空。周宣帝时，晋位为上柱国、雍州牧、太师。

上述皇族宗室，都与皇帝血缘关系极近，他们有的是地方上的诸侯，有的在朝中握有实权。杨坚辅政后，对他们采取了三种以控制为主的管人手段：

（1）削弱诸侯王的实权

大象二年（580 年）五月二十三日，杨坚以周宣帝病重为由，将赵、陈、越、代、滕五王从领地召回朝中。名为征召，但就陈王宇文纯回朝的经过看，早已失去了"征召"二字所表达的含义。征宇文纯回朝，是杨坚派自己的亲信崔彭去执行的。崔彭带着两名骑兵，在离陈国 30 里的地方停下来，假称有病，住在驿站中，然后派人进入陈国，对宇文纯说："崔彭奉天子诏书至陈，不料病在途中，不能支撑着前来。希望国王能屈身前往。"宇文纯对来人的话半信半疑，为防意外，便带了许多随从来到崔彭的住所。崔彭出门迎接，见到陈王带来这么多随从，立刻察觉出陈王对他的疑心，意识到陈王是不会轻易随他回朝的。崔彭决定采取迂回战术，他没有马上宣读诏书，而是诡秘地对陈王说："今上病重，特有一道密诏相宣，国王可屏退左右。"

宇文纯听后，便示意随从们退至远处。

崔彭又说："我这就宣诏，请国王下马。"

宇文纯的身子刚刚离开马鞍，崔彭便对一同前来的骑士说："陈王不服从征其回朝的诏书，将他绑起来！"

两个骑士左右齐上，将宇文纯捆了个结实。

崔彭掏出诏书，大声对宇文纯的随从喊道："陈王有罪，我奉诏召其入朝，左右不得擅动，否则以抗旨论罪！"

众随从惊愕不已，但不敢抗旨，只得退去。崔彭回朝复命，受到杨坚的奖励和提拔。

五个在朝外的诸侯王被陆续征回朝中，离开了积谷屯兵的领地，只有国王虚名，失去了实际权力。自被征入朝中至死，他们再没能回过封地一次。

（2）处理皇帝宗亲的地位

周宣帝的弟弟宇文赞是周武帝的皇后李娥姿所生。周武帝有两个皇后，一个姓阿史那，是北方突厥人；一个姓李，是南方楚人。前者生了周宣帝，后者生了宇文赞。周武帝的七个儿子，只有这两个人的母亲贵为皇后，宇文赞在众弟兄中的地位可想而知。杨坚辅政后，为顺和人心，并没有立即改变宇文赞的尊贵地位，而是晋其位为上柱国、右大丞相。但杨坚是左大丞相，因为有百官听命于左大丞相的规定，所以右大丞相实为虚名，只是杨坚对宇文赞外示尊崇而已。杨坚辅佐新皇帝，宇文赞虽然也居禁中，与杨坚同帐而坐，实际上只是个摆设。后来，连这个摆设杨坚也觉得多余，便和刘商量出一个办法，客客气气地将宇文赞请了出去。一天，刘将几个家妓打扮得漂漂亮亮的，进献给宇文赞。宇文赞非常高兴，连连称赞刘的忠心。趁着宇文赞高兴，刘假装为他出主意，对他说："大王是先帝之弟，众人都对您寄予厚望。现在天子这样小，怎能担当大事！将来全都靠您了。然而现在情况很糟，先帝刚刚驾崩，人心纷扰不定，万一危及您，大周的将来便无所靠。不如您暂时回家养尊，让左丞相稳住局势以后，您再入朝做天子，这才是万全之计。"当时不满 20 岁的宇文赞，哪里看得出刘甜言蜜语后面的真情，还真以为刘为他出了个好主意，便欣然接受，回家去做皇帝梦了。

（3）除掉威胁最大的皇帝宗亲

周宣帝的叔伯兄弟宇文贤，性格强悍，有威信，有谋略。他看出了杨坚辅政的结果是使宗社倾覆，江山改姓，便密谋除掉杨坚，不料谋泄，反被杨坚杀掉。这次与宇文贤合谋的，还有被召回京师的五王，但杨坚怕此时杀人太多，人心不安，便只将宇文贤杀掉，其他五人不但不问，还给予很高的待遇。

通过以上手段，杨坚把北周宗亲牢牢地控制起来。

杨坚辅政的第二个措施是立严威以慑服朝臣，施恩惠以取得人心。杨坚取得辅政地位，主要得益于一系列偶然事件。清朝人赵翼曾说："古来得天下之易，未有如隋文帝者，以妇翁之亲，值周宣帝早殂，结郑译等，矫诏入辅政，遂安坐而攘帝位。"杨坚取得辅政之位也确实太容易了，比起秦皇、汉祖，他缺乏身经百战的武威，比起嗣位之君，他又没有父子世袭的名分。这就使他不得不花费很大气力去做树威施恩的工作。

　　大象二年（580年）五月二十五日，周宣帝走到了他生命的尽头。刘、郑译等人在周宣帝弥留之际，匆匆为他拟好了委托杨坚辅佐幼主的诏书。周宣帝刚一咽气，刘、郑译等人立即找到颜之仪，要他在诏书上署名。按照当时的情况，周宣帝已不可能签署诏书，只有他身边的近臣联名签署，才能证明诏书不假。颜之仪看过诏书，一口回绝。他对刘等人说："主上刚刚仙去，嗣子年纪尚小，辅政之任，应该交给宗室中才力过人者。如今宗室中，赵王的年龄最长，论血缘，论德才都应让他来承当。你们当初都受先帝重恩，当思尽忠报国，怎能将国家重位交给旁人！如果你们一定逼我签署，我只有一死，决不能蒙蔽先帝。"刘等人见此，不敢再逼，只得捉刀代笔，替颜之仪在诏书上署名。

　　诏书虽是假的，因刘、郑译等人从中捣鬼，却也产生了真诏书的效力，它为杨坚辅政拉起一面人人见而畏之的大旗。诏书有了，但还缺少皇帝的符玺。索要符玺，还得找颜之仪。不料颜之仪义正词严地说："符玺乃天子信物，自有保管他的人，宰相为什么索要呢！"杨坚闻听此言，不由大怒：天下竟有这等不识时务的人，三番五次与我作对！杨坚恨不得立刻将颜之仪拉出斩首。但转念一想，觉得他声望甚高，杀之于己不利，便将他贬出朝廷，做西疆郡太守。杨坚对颜之仪的处理是很谨慎稳妥的，在当时起码收到三个积极效果。第一，取到了要索取的符玺。第二，罢免颜之仪，向众人显示了自己不可冒犯的威严。第三，显示了他对士人的宽容，进一步取得了汉族士人的拥护。为了进一步使朝臣们畏服，杨坚又与卢贲一起策划了"正阳宫事件"。卢贲是涿郡范阳人，为北方大姓望族。北周武帝时，卢贲任司武上士。司武上士是大司武的属官，其职责就是帮助大司武总理宫廷宿卫军事务。杨坚辅政以后，卢贲仍掌管着宫廷宿卫军。一天，杨坚把所有朝中公卿召集起来，对他们说："我要带你们去一个地方，想求富贵的，随我来。"朝臣们不知杨坚要干什么，他们三三两两，交耳私语，不知该如何行动。有的人想跟着去，也有的人想离开。正当众情纷扰、莫衷一是之际，卢贲按着杨坚的授意，领着全副武装的宿卫军士将公卿们的退路堵得严严实实，众人立刻明白了：除了跟杨坚走别无选择。杨坚走在前面，众卿尾随其后，卢贲率领宿卫，一行人出了崇阳门，直奔正阳宫。正阳宫是北周的东宫，是静帝的居寝处。在宫门外，杨坚一行被守门宿卫拦住。卢贲走上前，对守门者目真瞋目大斥道："左大丞相有要事进宫，敢拦者杀无赦！"宿卫们吓得赶紧退开，杨坚率众人大摇大摆地走进宫中。杨坚通过"正阳宫事件"向朝臣们证明：他能在宫中畅行无阻，宫中对他无禁地可言。他向朝臣们再一次显示了其至高无上的管人权力。

>> 让明暗两手都显灵

管人必须是精明人所为，必须让明暗两手都显灵。这一点有许多人都想搞明白，但都不得要领，在这一点上杨坚可谓极为擅长，常有出人意料之举。周宣帝宇文死后，宇文阐正式登极，入居天台。正阳宫遂更名为丞相府，成了杨坚的办公地点，大政皆由此出。丞相府一时成为满朝文武关注的中心。在这种情况下，杨坚拿出了明暗两手管人，收效奇灵。他是怎样操纵明暗两手去管人的呢？

杨坚首先任命郑译为丞相府长史，刘为司马，李德林为府属，高为相府司录，司武上士卢贲负责保卫工作。

杨坚以刘有定策之功，拜上大将军，封黄国公；郑译兼领天宫都府司会，总六府事，封沛国公。杨坚对2人赏赐巨万，出入以甲士相从。出入杨坚卧内，言无不从。朝野倾属，称为黄、沛。时人语之曰："刘牵前，郑译推后。"

李德林，字公辅，博陵安平（今河北安平）人。北齐任城王高谐任定州刺史时，重其才而召入州馆，朝夕同游。之后便在北齐朝中为官。周武灭北齐，把李德林迎入长安，授内史上士，迁御正下大夫。杨坚辅政后，派族侄、邘国公杨惠入主丞相府，李德林非常高兴，表示"以死奉公（指杨坚）"，于是杨坚任命李德林为丞相府属。

高，字昭玄，渤海（今河北景县）人。其父背齐归周，杨坚岳父独孤信引为僚佐，赐姓独孤氏。17 岁时被北周齐王宇文宪引为记室，入仕途。周武帝即位后，历任内史上士，下大夫，以平齐功拜开府。杨坚辅政后，组建丞相府，便引他入府，任司录。高坚决表示："愿受驱驰，纵令公事不成，亦不辞灭族。"高和李德林都成了杨坚的心腹。

杨坚结识范阳（今河北涞水）人卢贲是在平齐战争中，杨坚位至大司马，卢贲被任命为司武上士，掌禁卫军。

局势稍稳，杨坚便不容宇文赞。

宇文赞是宇文弟弟。年少无知庸庸碌碌，贪财好色。虽在周宣帝死后委以右丞相，也不过是一个"外示尊崇，实无综理"的虚职，仍住皇宫院内，常和小娃娃宇文阐同坐御帐之中。杨坚先施一计，让宇文赞体面地搬出了皇宫。

当年七月，宣帝加授杨坚都督内外诸军事。九月底，取消了左、右丞相官职，由杨坚出任大丞相。右丞相宇文赞栽了一个大跟头。

起初密谋夺权时，郑译、刘私自商议，由杨坚任大冢宰，郑译任大司马，刘任小冢宰。杨坚与李德林谋，李德林说："即宜做大丞相，假黄钺，都督内外诸军事。不尔，无以压众心。"于是杨坚另建丞相府，由李德林、高来牵制郑译和刘。刘、郑因此忌恨李德林，对杨坚不满，丞相府内部出现了小小的裂痕。

刘自恃有功，颇有骄色。他性粗疏，逸游纵酒，不以职司为意，丞相府事物，多所遗陋，杨坚甚为不满，于是以高代替他为丞相府司马。是后日渐疏忌。郑译性轻险，不亲职务，而赃货狼藉，也被杨坚疏忌。这时，李德林进授丞相府从事内郎。此后，丞相府的政事主要由李德林、高处理。

矫诏入总朝政的杨坚，急需巩固政权，因而采取了诸多除旧布新的应急措施。

杨坚在正式发布周宣帝死讯的当天，便下令停止洛阳的土木工程。几天后，删改旧律，施行《刑书要制》。又罢人市之征。"躬履节俭，中外悦之"。

六月初六，在杨坚发布周宣帝死讯半个月后，下令撤销对佛、道二教的禁令。对在周武帝禁断佛、道二教期间，仍信佛信道者，分别送入寺院、道观，妥善安顿。杨坚是个有政治野心的人，他的复佛、道之举除了个人感情外，更重要的是他利用这件事来达到其政治目的，即抚慰那些因遭周武帝粗暴打击的僧道势力，笼络人心。

隋王朝建立后，杨坚也颇为自得地讲述这样一段话："朕于佛教，敬信情重。往者周武之时，毁坏佛法，发言立愿，必许扩持。乃受命于天，仍即兴复，仰凭神力，法轮常转。十方众生，俱获利益。"

年底下令，凡是改鲜卑姓的，一律恢复原姓。

为了防止边患，杨坚派司卫上士长孙晟等护送千金公主宇文氏前往突厥汗国和亲。再派建威侯贺若谊，前往突厥，贿赂阿史那佗钵可汗，让他交出北齐流亡皇帝高绍义。

贺若谊，字道机，父亲是东魏降将，因此举家迁居河南洛阳。兄贺若敦，与杨坚的父亲杨忠参加过平齐战争。后触怒宇文护，逼令自杀，其子贺若弼后来成为杨坚的重臣。贺若谊能言善辩，口舌如簧。早在宇文泰初据关中时，派他通使柔然，第一次就诱降万余人；第二次又带厚礼贿赂柔然酋长，柔然便弃齐连周，还将派到柔然的齐使交给贺若谊发落。

　　此次游说突厥，贺若谊的口才再得施展。在贺若谊授意之下，阿史那佗钵可汗陪同高绍义到汗国南境狩猎，贺若谊突然杀出，劫走高绍义，押抵长安，随后贬出巴蜀，不久死去。至此，北齐高氏皇族根断巴蜀。

　　另一方面，杨坚加紧结纳朝中和地方百官，进一步扩大自己的政治势力。如大将军元谐、上柱国郭衍、少内史崔仲方、少司宪裴政、少师右上士李安、益州总管梁睿、代理陵州刺史薛道衡等。郭衍密劝杨坚"杀周室诸王，早行禅代"。崔仲方与杨坚相见后，"握手极欢"，当夜崔仲方上便宜18事，杨坚并嘉纳，崔仲方力劝杨坚早日代周自立，梁睿也上表劝进，皆使杨坚喜形于色。在这一系列过程中，都可见杨坚明暗两手的管人手段。

≫ 一边围攻，一边突击

古代历史上的管人者，碰到最棘手的问题就是——遭遇反抗。可以讲，这是最严峻的时刻，但这又是常带有突发性的。杨坚在这种时刻，采用的管人之术是：一边围攻，一边突击，力图从根本上解决隐患问题。

杨坚辅政，引起了北周地方势力的不满。尉迟迥、司马消难、王谦分别在相州（今河南安阳）、郧州（今湖北安陆）、益州（今四川成都）起兵反抗杨坚。

大象二年（580 年）五月二十八日，即周宣帝死讯发布的第五天，杨坚秘密任命了上柱国韦孝宽任相州总管，准备在尉迟迥回京后取而代之。因为有迹象表明，尉迟迥在做叛乱准备。实际上尉迟迥在五月二十三日就得到了周宣帝宇文赟驾崩的消息，便在邺城主持了祭悼大典。早些时候，朝廷到相州巡察的计部中大夫杨尚希也在场，杨尚希觉得当时的气氛紧张，对左右侍从说："蜀公哭不哀而视不安，将有他计。吾不去，惧及于难。"便连夜逃回长安，报告了杨坚。杨坚派人接替尉迟迥的同时，又派杨尚希督兵三千，镇守潼关。

双方剑拔弩张，却小心谨慎，像是化上了一层淡妆。

前往接替尉迟迥的韦孝宽试探着向前行进，抵达朝歌（今河南淇县），停了下来。不期遇到了尉迟迥的大将贺兰贵。交谈中，韦孝宽觉得来人迹象可疑，称病不出，派人以买药的名义前往邺城附近察看动静。尉迟迥再派韦孝宽侄子韦艺去接应韦孝宽，韦艺是尉迟迥的心腹，不肯向叔叔说出真实来意。韦孝宽假装要斩韦艺，韦艺才把尉迟迥谋反的实情全盘托出。韦孝宽决定原路回返。

为了防备尉迟迥的追兵，在回返途中，韦孝宽每过一个驿站，就把驿站中所有的马匹带走，并吩咐驿司说，蜀公随后就到，你们要多备酒菜，好好招待。果然，尉迟迥带大将梁子康及精兵数百追来，每到驿站，总会碰上丰盛的酒肉，又没有可以换乘的马匹，延迟稽留许久。韦孝宽脱险后，把尉迟迥的谋反计划如实地向大丞相杨坚做了汇报。

是年六月，杨坚又派侯正破六韩裒，以传达圣旨为名晋见尉迟迥，却密带书信，联络相州总管府长史晋昶为内应。破六韩裒一到邺城，便被尉迟迥识破，与晋昶两人同时被杀。之后，尉迟迥登北城楼，集合文武士民，发出了讨杨令：

"杨坚藉后父子势，挟幼主以作威福，不臣之迹，暴于行路。吾与国舅甥，任兼将相，先帝处吾于此，本欲寄以安危。今欲与卿等纠合义勇，以匡国庇民，何如？"

尉迟迥自称大总管，手下齐声响应。他行使皇帝职权，设立临时中央政府。奉赵王宇文招之子为皇帝，借以发号施令。所辖相、卫、黎、洛、贝、赵、冀、瀛、沧9州和尉迟迥的侄子尉迟勤所辖的青、齐、胶、光、莒5州全部响应，部众数十万。声势所及，荥州刺史宇文胄、申州刺史李惠、东楚州刺史费也利进、潼州刺史曹孝远都在各州响应。另外，徐州总管司录席毗罗据兖州、毕义绪守兰陵响应。尉迟迥还北结齐亡臣高宝宁以通突厥，南连陈朝许割江淮之地。反叛的烟尘一时弥漫关东大地。在这些响应的人当中，有的是尉迟迥的亲族旧部，有的是宇文氏宗族。

七月，郧州总管司马消难起兵响应，据淮南地区。八月中旬，益州总管王谦集结巴蜀军队攻始州（今四川剑阁）反叛朝廷。至此，三方之反全面爆发了。

尉迟迥、司马消难、王谦三方反杨势力，形成了一个自东、东南到西南的弧形包围圈。

大敌当前，腹背有患。丞相府中刘、郑译惊慌失措，已乱了方寸。杨坚认真分析形势，从容布置迎敌之策：一是将韦孝宽大军主力放在太行山、虎牢关一线；二是北结并州实力派李穆，联络突厥以固北疆；三是派少量部队应付南方、西南叛军。轻重缓急，处置得当。

并州实力派李穆，陇西人，是西魏十二大将军之一李远的三弟。长兄叫李贤，因父亲早逝，李贤抚养了两个弟弟：李远和李穆。李穆官到小冢宰、雍州刺史。后来李远之子李植因参与了推翻宇文护的政变，父子伏诛。李穆受株连被免去所有官职，后又被起用，晋位大将军，转大司空。周武帝时，拜太保，晋位上柱国，转并州总管。周静帝大象初年，又拜大左辅。

杨坚做大丞相后，李穆仍任并州总管，拥兵北边。阴谋反叛的尉迟迥派人联络李穆，李穆子李士荣也以并州为天下精兵处，劝李穆造反，但李穆还是决定依附大丞相杨坚，他"锁其使（指尉迟迥的说客），封上其书"。杨坚派内史大夫柳裘及李穆子李浑至李穆处联络，李穆派其子李浑奉熨斗于杨坚说："愿执威柄以尉（熨）安天下也。"又献上天子之服"十三环金带"，以表忠心。时尉迟迥的儿子尉迟谊为朔州刺史，李穆将其执送长安。接着，出兵击败并州辖内亲尉迟迥的势力，消除了杨坚的后顾之忧。

北周大象二年（580年）六月初十，杨坚发关中兵，以韦孝宽为行军元帅，梁士彦、元谐、宇文忻、宇文述、崔弘度、杨素、李询为行军总管，讨伐尉迟迥。七月末，大军进抵永桥（今河南武陟县西）城下。

永桥，地当要冲，城池牢固。在东、西魏战争的年代，争夺洛阳的战役中，高欢曾派大将领重兵镇守永桥，地理位置十分重要。尉迟迥果然派大将率重兵据守永桥。

韦孝宽诸将纷纷请战，韦孝宽却说，永桥虽小，却固若金汤，贸然进攻的话，如果不能取胜，必挫我军锐气。只要我们想办法击败其主力，永桥小城不攻自破。

韦孝宽领大军绕道永城，进逼敌主力军驻地武陟（今属河南），列阵沁水西岸，尉迟迥派其子魏安公尉迟率10万大军于沁水东岸扎营。七月、八月之交，淫雨连绵，河水暴涨，两军隔岸对峙，直到八月间。

形势对杨坚方面有些不利。另一叛军首领司马消难奔阵；南梁后裔在江陵建立的傀儡政权后梁也发生了动摇，很可能倒向叛军一边；蜀地王谦大规模反叛开始。在复杂、严峻的形势下，韦孝宽大军军心有些动摇。军中传闻，行军总管梁士彦、宇文忻、崔弘度三人接受尉迟迥的馈金。而崔弘度与尉迟迥有亲戚关系，他妹妹嫁给了尉迟迥的儿子为妻，尤其令杨坚不放心。此事由长史李询密报杨坚，李询是李穆的侄子，叔侄二人在消灭尉迟迥的战斗中起了重要作用。

围绕前线问题，丞相府高参们各执己见，争论不休。杨坚打算派崔仲方前往。崔仲方和崔弘度是同乡，又因其父崔宣猷久在相州，便推辞不去。杨坚改派刘、郑译前往，刘说他没有当过武官，郑译说他娘亲已老，都推辞了。杨坚很不高兴，危难之际，丞相府司录高自荐请行，杨坚大悦，即刻任命他出征。高来不及亲自向老母辞行，就匆忙上路了。

高一到前线，沁水暴涨之势稍减，军心逐渐稳定下来。他会同韦孝宽等军中将领谋划对策：设桥横渡，用计破敌。先在沁水上搭建浮桥，水中兴建"土狗"（大水中积石成堆，前尖后宽，前高后低，形状酷似坐在水中的狗，故名）。接着，周军遣使向尉迟建议说，我军渡过沁水，两军决一死战。尉迟即答应下来。尉迟想等周军渡半后进击。果然，当周军开始渡河时，尉迟假装后退。此时，韦孝宽指挥将士猛擂战鼓，喊杀声震天，全军迅速渡过沁水，而敌军则一退不可收拾。周军渡河烧桥，背水一战，尉迟大败，丢下数万具尸体，只身逃回邺城。

双方在邺城再次布阵。邺城，位于今河北省临漳县境内。古代西门豹治邺的故事就发生在这里。北朝的东魏和北齐在这里建都。北周建德六年（576年），杨坚曾随伐齐大军攻占邺城。

尉迟迥是从周宣帝即位那年起位居相州总管的。他多年经营，城防坚固。尉迟迥又是沙场老将，指挥有方。

以逸待劳的叛乱军队瓦解了韦孝宽大军的第一次攻势。

其后，行军总管宇文忻施计破敌。由于最初双方是在城南开战，因此，城中居民出来观战的很多。宇文忻命手下向人群中放箭，惊得人群涌动，四散奔逃，相互践踏，呼号震天。宇文忻命手下士兵大喊，寇贼败矣！寇贼败矣！尉迟迥的守军以为后边杀来敌兵，一下子乱了阵脚。韦孝宽挥兵掩杀，尉迟迥向城中败去。

韦孝宽大军将邺城包围得水泄不通，尉迟迥陷入四面楚歌的境地。走投无路的尉迟迥登上城楼，崔弘度也登城楼尾追。尉迟迥弯弓，将射崔弘度。崔弘度脱下兜鍪，对尉迟迥说："相识不？今日各图国事，不得顾私。以亲戚之情，谨遏乱兵，不许侵辱。事势如此，早为身计，何所待也？"尉迟迥掷弓于地，大骂杨坚后自杀。时崔弘度弟崔弘升也在军中，崔弘度令其弟割下尉迟迥首级。尉迟迥叛乱从发表讨杨宣言到邺城自尽，历时68天。司马光把尉迟迥败亡原因，归于他年迈昏庸，用人不当。尉迟迥掌军机的长史崔达拏是北齐昏君高澄的亲信大臣崔暹之子，乃一介书生，没有军事韬略。除此之外，叛乱三方互不联系，各自为战，也是迅速败亡的重要因素。在平定尉迟迥叛乱后，杨坚进一步采取措施，根除东方三患。首先，把相州治所由邺迁到安阳（今属河南），毁老城，建新城。其次，从相州划出一部分郡县另立毛州（今山东定陶）、魏州（今河北大名）。最后，任命长子杨勇为洛阳总管、东京小冢宰，统治旧北齐地区。

可见，杨坚在管人时，既有围攻，也有突击，手段灵活，这为他奠定牢固的治政基础起了重要作用。

》》掐灭隐患，才能做大事

管人最忌讳出现隐患，如何堵住隐患之洞，是时时刻刻都需要提防的。杨坚是这样做的：掐灭隐患，消除内乱。

前方正在平叛，后方政局不稳。宇文氏皇族中的六位亲王组织了一起又一起的夺权事变，企图重新夺回朝廷大权。杨坚成功地粉碎了六王之谋。

六王指赵王宇文招、陈王宇文纯、越王宇文盛、代王宇文达、滕王宇文迪，毕王宇文贤。利用杨坚倾心东讨尉迟迥这一时机，六王设计圈套谋杀杨坚。道高一尺，魔高一丈，杨坚果断应对。他们的阴谋活动未能得逞。五王早在进京时就被严密监视起来，杨坚抢先下手，捕杀了宇文贤和他的三个儿子。杨坚只打击了首恶，而对其他五王的罪行没有追究，给五王以带剑穿履上殿，进朝不用疾步趋行的特殊礼遇，来安抚他们的心。

北周大象二年（580 年）七月底，关东之乱遍地，赵王宇文招等再设圈套谋杀杨坚。

一天晚上，杨坚应邀入赵王府赴宴。在这样一个非常时期，杨坚想，此必是"鸿门宴"，他竟自带酒菜前往应酬。宇文招在酒菜中自然无机可乘。赵王宇文招把杨坚引入内室,他早藏刀于帷席之间,埋伏壮士于室后。杨坚一入内室顿觉空气紧张,屋子里除了赵王宇文招外,还有佩刀站立两旁的宇文招之子宇文员、宇文贯和王妃弟弟鲁封。杨坚的侍卫有族弟、开府仪同三司杨弘和大将军元胄,坐在门口旁边的位置上。

七月的天气闷热,宇文招抽出佩刀杀瓜送给杨坚吃,企图借机行刺。元胄一看,忙起身向前,说道:"相府有事,(丞相)不可久留。"

宇文招大声斥责道:"我与丞相言,汝何为者!"

元胄手不离刀柄,眼似铜铃,异常警觉。

赵王宇文招主动缓解紧张情绪,赐元胄酒说道:"吾岂有不善之意耶!卿何猜警如是?"元胄心中暗骂,闭口不答。

当场行刺已不可能,宇文招又施一计。

他假装呕吐想脱身去后阁,元胄忙起身挡住,扶令上座,如此再三。他又妄说口干,让元胄去厨房取些水来,元胄置之不理。宇文招和元胄正在僵持不下,滕王宇文迪前来问候,杨坚起身出屋相迎。元胄看准时机,与杨坚耳语:"事势大异,可速去!"

杨坚说:"彼无兵马,何能为!"

元胄说:"兵马皆彼物,彼若先发,大事去矣。(元)胄不辞死,恐死无益。"

杨坚再度入席。

此时,元胄听到门外有穿铠甲的声音,便疾步向前,像是在命令杨坚:"相府事殷(多),公何得如此!"说罢,挟持杨坚离座而出,直趋房门。宇文招起身便追,被元胄用身体挡住。

杨坚脱离了险境,安全返回。宇文招恨事未成,弹指出血。

回到丞相府,杨坚以谋反罪诛杀了宇文招、宇文盛,一同被诛杀的还有他们的儿子和鲁封。

皇族宇文氏绝不甘心自己的失败，又数次寻找时机谋害杨坚。由于有元胄、李圆通等人的保护，他们的阴谋没有得逞。

元胄，是北魏昭成帝的六世孙。河南洛阳人。他多武艺，美须髯，有不可犯之色。曾是齐王宇文宪的贴身侍卫。宇文宪死后，与杨坚倾心结交，"委以腹心，恒宿卧内"。杨坚赵王府脱险，元胄立头功，晋位上柱国，武陵郡公，官拜左卫大将军，出为豫州刺史，还给予大量赏赐。后来，杨坚做了皇帝，曾对侍臣说："保护朕躬，成此基业，元胄功也。"

李圆通的父亲李景是杨坚父亲杨忠的军士，李景和杨忠家童私通，生下了李圆通。一直留在杨府。杨坚执掌周政，因李圆通"多力劲捷，长于武用"，"委以心膂"，一直不离杨坚左右，保护十分周到缜密。杨坚建隋，李圆通官拜内史侍郎，领左卫长史。历任左右庶子，给事黄门侍郎、尚书左丞、进位大将军、兵部尚书，在宦途上青云直上。

六王之谋虽然平定了，但此后杨坚便多长了一个心眼，他认为应该"妥善"解决这些皇亲。于是在开皇元年（581 年）二月十五日，杨坚称帝后，于二月十九日下诏，封原北周末帝宇文阐为介国公，邑 5000 户，为隋室宾。旌旗车服礼乐，一如其旧。宇文氏诸王，全部降爵为国公。

原北周皇太后杨丽华改封乐平公主。起初刘、郑译矫诏以杨坚辅政，杨太后虽未预谋，但闻之甚喜，以为幼小的嗣子有了依靠。后杨太后知其父有代周之意，意颇不平，形于言色。及杨坚称帝，杨丽华越发愤懑。又令她改嫁，她誓死不从。隋炀帝大业五年（609 年）卒，年 49 岁。

新朝建立后，虞庆则劝杨坚尽诛宇文氏皇族，正合杨坚之意。时高、杨惠也依违从之；依违者，心以为不可，而不敢言其不可。李德林固争，以为不可，被杨坚斥之为"书生气"。于是一批宇文氏宗族皆被杀。

就连 9 岁的北周静帝宇文阐，杨坚也不放过。开皇元年（581 年）五月，杨坚下令害死宇文阐，以绝北周根苗。

宇文阐被害后，杨坚为之举哀，谥为静皇帝，葬于恭陵，一副伪君子的面孔。

实际上，杨坚诛杀宇文氏皇族并非是在他称帝后才进行的，早在他入主周政后就开始了。杨坚是用宇文氏家族的血洗涤通往皇宫之路的。

大象二年（580 年）十月底，这一年的冬季似乎比往年来得早，阵阵寒风吹过长安街头。

禁卫军接到大丞相杨坚的密令。灾难首先降临到陈王府，陈王宇文纯和他的 3 个儿子宇文禅、宇文让、宇文义被诛杀。此后一年多时间里，被诛杀的周朝宇文皇族及宗室共计 51 人。

但是，这份名单显然是根据当时的政治形势以及隋文帝的个人好恶而制定的，很不完整，至少还应该加上于氏和窦氏家族代表、柳裘、皇甫绩、韦谟、李德林、贺若谊，以及在此前获罪受黜或被诛的刘防、宇文忻、梁士彦、卢贲、王谊、元谐等十余人，合起来至少有三十名左右。

从上述名单可以清楚地看出，来自代北塞上的军事贵族与关陇河东的世家大族基本上都倒向杨坚一边，而这两者的结合曾经建立了北周王朝，因此，这种局面的出现，意味着北周政权的社会政治基础已经发生根本转移。具有很大的政治实力和威望，并始终处于或接近于权力中枢地位，这些必备条件已经毫不留情地淘汰了大部分野心家，而且，经过长期的少数民族统治之后，新一代统治者不可能由没有民族融合的经历与胸怀的汉族世家来担任，同样，纯粹少数民族人也不能被广大汉族所接受。因此，只有像杨坚这种起自社会基层、深受少数民族习俗熏陶、既混血又能够冒充中原世族的汉人才能为胡汉双方所接受。杨坚的脱颖而出，既是时代的要求，也反映出当时民族融合（特别是在少数民族政权下汉族的地位与作用大幅度提高的条件下）以及社会经济文化恢复与发展这两个历史进程所达到的水平。

上述大族功臣里，包含了一个值得重视的变化，那就是出身于原北齐旧境的山东世族不但占有相当比例，而且在关键时刻起了举足轻重的作用。他们和关中、河东的汉人世族有共通之处，都想通过拥戴具有汉族血统的杨坚取代少数民族的宇文氏，取得汉族的领导地位。显然，杨坚比宇文氏具有更大的代表性，拥护他的社会阶层更加广泛。

获得如此众多的支持，杨坚已经不需要有太多的顾虑，可以更加主动地进行改朝换代的准备。他以襄助军机为名，派遣名士薛道衡到梁睿军中，趁便劝道："天下之望，已归于隋。"让梁睿上表劝进，从而争取到西南军政首脑的支持。随着各个战场的节节胜利，杨坚声望日益隆盛，文武百官更是纷呈忠款，司武上士卢贲劝进道："周历已尽，天人之望实归明公，愿早应天顺民也。天与不取，反受其咎"；少内史崔仲方"见众望有归，阴劝高祖应天受命"。更有甚者，有些人还密劝杨坚大诛北周宗室，以绝后患，如石州（今山西省离石区）总管虞庆则就"劝高祖尽灭宇文氏"；武山郡公郭衍也"密劝高祖杀周室诸王，早行禅代"。这些献计效忠的人无不大得杨坚的赞扬，因此飞黄腾达。显然，劝进已成为官吏政治态度的试金石和进身阶。

杨坚坚持铲除异己，自有其道理。隋朝开国之际，杨坚重用的苏威跑回老家躲避，此事相当典型地反映出当时官场的心态：他们固然支持杨坚，但仍然觉得其夺取天下并不光彩，甚至有点不仁不义，就连苏威、窦炽都要惺惺作态，何况他人。出身儒学士族的柳机即又是一例："周代旧臣皆劝禅让，（柳）机独义形于色，无所陈请"，这已经是比较中立的态度了。至如王世积，则"密谓（高）曰：'吾辈俱周之臣子，社稷沦灭，其若之何？'"更表现出内心深处的敌意。杨坚深明此点，所以，他对于表面表示顺从的北周旧臣都先加笼络，同时，拿北周宗室开刀以震骇群下，令他们死了复辟北周之心，杜绝后患。诚然，滥杀前代宗室在南北朝动乱时代司空见惯，然而，北周组织构成的特殊性和杨坚上台的偶然性，都使得这场大屠杀给隋朝留下了深重的内伤。

周静帝大定元年（581年）二月十四日，杨坚登基后，任命了第一批大臣，相国司马、渤海公高任尚书左仆射兼纳言，相国司录、沁源县公虞庆则为内史监兼吏部尚书，相国内郎、咸安县男李德林为内史令，这三人分别负责尚书、门下和内史三省，成为新王朝的宰相。韦世康任礼部尚书，元晖任都官尚书，元岩任兵部尚书，长孙毗为工部尚书，杨希尚为度支尚书，这些人为尚书省六部长官。杨雄任左卫大将军，统领禁军。这份新治政名单表明：中央禁军和财政部门由杨氏宗亲掌管，体现出以杨坚为主导的管人治政体系。

善管人者，总能及时发现潜在的问题，然后提前处理，尽量避免给自己造成麻烦。杨坚所为，即是如此。

伍 明变与运赢

掌握『树上开花』的成事之道

- 要做大事，不善明变，一切皆无。明在何处？明在从远考虑自己的战术，把眼前的小胜局变为将来的大胜局。
- 忽必烈能够站在高处望长远，不为眼前小利益、小收获沾沾自喜，而是在"远赢"之道上布局攻守。

≫ 把人之力变为己力

借力是成事者的撒手锏。一个人的能力总是有限的，若要成就一番事业，实现大胜之局，除了自身的努力之外，还要善于借助外力为我所用。忽必烈在与阿里不哥政治集团对汗位的争夺战中，借助汉族地主的有力支持，实行了与蒙古旧势力相反的政策，使得人民对他的支持大大提升，经过四年的努力，终于夺取了汗位。

1260 年前后，对忽必烈来说，是一个重要的时期。如果说以 1260 年为标志，在此之前，他还一只脚站在大漠那养育他的草原上，另一只脚站在他所管辖的汉地上的话，在此之后，四十六岁的忽必烈终于双脚踏进了汉地，这小小的区别，却将他由一个蒙古奴隶贵族转变成为一个封建蒙古贵族与汉族地主阶级的代言人，政治形势的发展将他推向了当时风云变幻的历史舞台。

1259 年 7 月，南征的蒙哥被炮击中后突然逝世，在他生前并没像成吉思汗那样对嗣位做明确的安排，他的突然逝世必然会引起黄金家族对汗位的争夺。果不其然，忽必烈对此立即作出反应，在汉族地主阶级的支持下，于 1260 年 3 月，在开平即位，他在发布的即位诏书里宣称自己是太祖成吉思汗的嫡孙，又是先皇蒙哥的最长的弟弟，从才能和名分来说，都是最有资格充当大汗的。显然，他的诏书中的"汉味"十分浓厚。因为在蒙古帝国的继承制度里，并没有立嫡立长的规定，从蒙古帝国的太宗窝阔台到宪宗蒙哥，他们中没有一个人是以先朝大汗嫡长子的身份来继承汗位的。这里所说的嫡长子就是汉地的统治者正妻所生的第一个儿子，按照汉族继统制规定，一般情况下，在君主众多的儿子中，只有长子才有继承权。而蒙古帝国的旧俗却是看重小儿子，如拖雷守产的事例即是。并且这一次，蒙哥在攻打四川时，便把他在漠北的权力交给了自己的小弟弟阿里不哥，让他留守和林，主持大兀鲁思，管理留守的军队与诸斡耳朵，这就有些像中原的皇帝御驾亲征时，将军国大权交给皇太子主持一样，倘若出征的皇帝遇到不幸，这位留守的皇太子自然会被大臣们拥立为太子。所以，早在蒙哥死亡以前，阿里不哥为首的也像忽必烈一样，形成了自己的政治势力。蒙哥一死，他的支持者们也在和林召开了忽里台，宣布他为大汗。这些支持他的贵族有阿兰答儿、脱里赤等人，之外还有蒙哥的后王阿速带、玉龙答夫，昔里吉，以及察合台的后王阿鲁忽，即便是与忽必烈亲近的旭烈兀的儿子出木哈儿等人也都支持阿里不哥。一时间，在蒙古帝国内，形成了以忽必烈与阿里不哥为首的两个政治集团，一场新的汗位争夺必不可免了。

蒙古帝国两个"大汗"的出现，实际上是新旧两种势力、两派政权的对立，以忽必烈为首的代表蒙汉各族利益的政权，坚持革新，坚持用汉法统治中原，反对用屠杀、抢掠的政策来蹂躏中原；而保守的阿里不哥，以蒙古守旧贵族为一派，顽固地反对忽必烈在汉地推行新法，坚持蒙古帝国以前的政策。实际上，这两个政权的斗争，是集权与分裂、革新与守旧等不同的政治倾向、统治方针之间的斗争，并非是一次简单的汗位之争。

　　能否取得这次胜利，对忽必烈、对希望革新的蒙古王公贵族和中原地主阶级以及能否继续推行汉法都很重要。这的确是一场不寻常的斗争，为赢得这场斗争的胜利，忽必烈花费了很大心血，动了很大脑筋。

　　因而，在蒙哥汗刚一去世，忽必烈接到阿里不哥调兵遣将、拘收钱谷、图有异谋的报告后，接受郝经等人的劝谏，迅速与南宋议和，并从鄂州班师，几乎将所有的精力都用在了与阿里不哥的汗位争夺上。

　　初期，忽必烈主要在两个地区与阿里不哥进行了激烈的争夺。一个地区是开平到燕京一带，一个是陕西、四川、陇西地区。对燕京至开平，忽必烈在回师燕地后，便果断地解散了阿里不哥的宠臣脱里赤征集的军队，制止了他们横敛财物的做法，赢得了这一地区百姓的支持。

　　但对陕西、四川、陇西地区，忽必烈却大伤脑筋，因为这里情况比较复杂。本来，这块地区是忽必烈的封地与势力范围，有许多官员都是拥护、亲近忽必烈的。但1257年忽必烈被解除兵权后，蒙哥就派自己的亲信夺去了一部分权力，而这些掌权的握有相当的重兵，如被阿里不哥派往关中的刘太平、霍鲁怀都掌握着军队，而留在四川的密里火者署下有两万多蒙古铁骑，并且这一地区还有相当一部分官员与将领采取观望态度，一时政局迷离，形势相当严峻。在这紧要关头，他选派廉希宪为陕西、川陕等路宣抚使，授予他便宜行事的大权。廉希宪到任后，依靠刘黑马、汪惟正、汪惟良、八春等人的军事力量，迅速捕绞了刘太平、霍鲁怀二人，稳定了关中局势。然后，又以计诛杀了在四川拥有重兵的密里火者与乞带不花。铲除了阿里不哥在四川的势力后，忽必烈又派汪惟良率领各路军队进驻六盘山，以防支持阿里不哥的浑都海向东进军。这样，漠南汉地包括陕西、四川、陇西地区基本上得以稳定，为忽必烈在与阿里不哥的争夺中增添了有利的因素。

　　但阿里不哥在草原上的势力丝毫未损，成为威胁忽必烈的心腹大患。何况，阿里不哥也不甘示弱，于 1260 年 7 月，在忽必烈御驾亲征之时，立即派出两支军队与忽必烈抗衡。一支由阿兰答儿率领，穿过河西走廊，与准备北撤的浑都海的军队会合后，南返并折而向西，打败了廉希宪派出的尾随的军队，并乘胜东窥关中，一时形势紧张，忽必烈军队的士气也非常低落。

　　但东路军忽必烈亲征的胜利，却是非常地振奋人心。当忽必烈率领他的军队打败了阿里不哥派出的攻打燕京、开平的玉本忽儿、合剌察儿后，挺军直向和林，阿里不哥自知不是忽必烈的对手，便逃离和林，去了乞儿吉思。

　　这一胜利鼓舞了忽必烈的西线作战的军队，由宗王合丹与汪良臣、八春组织、部署军队与阿兰答儿、浑都海在甘陇的删丹（今甘肃山丹县）进行一次大决战。当时正值狂风大作，扬起的沙子遮天蔽日，光线昏暗，汪良臣命令士兵下马作战，突破了敌军的阵势。八春率领军队攻破了敌军的正面部队，合丹又率领精兵截断了阿兰答儿、浑都海的退路。这一仗，活捉阿兰答儿、浑都海，大获全胜。从此，关陇形势稳定，这一地区全部成了忽必烈的土地。

　　但败走乞儿吉思的阿里不哥并未放弃争夺。他一方面派阿鲁忽前往主持察合台汗国，为自己准备财赋，征集兵马；一方面与忽必烈假意和谈，以麻痹忽必烈，争取再次战斗的时机。因而，忽必烈在今外蒙古翁金河一带度过冬天后，便返回了开平。只是留下十万大军，让宗王移相哥率领，驻守和林，防备阿里不哥。

　　1261 年 9 月，阿里不哥经过一年的休整，伪装率众归降，骗得移相哥对他放松警惕，却突然对移相哥发动进攻，大败移相哥，再次夺取了和林，并继而挥师南下，直扑燕京。

于是，忽必烈只好放弃与阿里不哥和解的希望，再次率军亲征。这一年十一月，双方在昔木土脑儿（即昔木土湖）展开激战。这次战役中，宗王合丹等人率领军队斩杀阿里不哥的将领合丹火儿赤及其士兵三千多人，宗王塔察儿与合必赤等人分头率领军队奋勇出击，大败敌军，一直追击了五十多里，杀得阿里不哥的军队血流成河。之后，忽必烈亲率军队继续追击，阿里不哥向北方逃跑。

之后，阿里不哥还想继续顽抗，并将希望寄托在他派往察合台汗国征兵征粮的阿鲁忽身上。但阿里不哥不曾料到，阿鲁忽在征集到十五万军队和拥有大量的粮草后，感到羽翼渐丰，便摆脱了阿里不哥的控制，转而支持忽必烈，换取了忽必烈同意他为察合台汗国的统治者的政治资本。

1264 年 7 月，在内外交困、走投无路的情况下，阿里不哥被迫投降了忽必烈。忽必烈并没有杀这位幼弟，却在团圆的酒宴之后审判处死了他的全部谋臣，并宣布将和林改为宣慰司都元帅府，从而结束了和林多年来作为蒙古帝国首都的地位。

持续了四年的汗位之争终于结束了。

》 善于成事者均善变

变化与成事是相互关联的。善于成事者均善变。新的形势之下，对手变了，所采用的策略也不能一成不变，往往需要采用新的做事方式。忽必烈在夺取中原之后，由于被统治对象发生了变化，于是他顺势推行了新的改革，以适应这些新的变化，其中对政权机构的建设就取得了良好的效果。

忽必烈从一开始即位，便显示出了不同凡响，他没有沿用以前大汗的做法，却破天荒一反过去大汗们遵守蒙制的老传统，而是采用汉人的年号——中统来纪元。这一划时代的做法，断然从历史上将蒙古帝国一分为二，从而远远地将一个旧帝国抛在了身后。所谓的"中统"，就是中朝正统，从此以后，他俨然成了中原的统治者。

在诸多的政治变革中，最有成就、最值得一提的则是忽必烈对政权机构的建设。

从开平即位的那一天起，忽必烈就秉着"立经陈纪"的原则，开始了新的政权建设，并多次向大臣们表示了自己"鼎新革故，务一万方"的雄心壮志。

忽必烈的高明之处，就在于他并非只注重徒有其名的空壳，而是立即着手设立中央政权机构，赋予它们以实际的权力。他"内立都省，以总揽宏纲，在外设立总司，来处理各地的政务"。这里我们不能忘记王文统的功劳。

忽必烈虽然采用了汉法，但他却不拘泥于汉法，他的大胆革新的精神使我们不能不对他佩服。并且我们也还发现，在忽必烈改组机构的重大创举中，他所依赖和任命的大多是汉人儒士，从中书省、行中书省到各路的宣慰使司，许多高级官员都是汉人。例如中书省的史天泽、王文统、赵璧、张易、张文谦、杨果、商挺诸人即是。即便是1260年5月所设置的十路宣慰司，担任行政长官的，也很少有蒙古族的人士。而像廉希宪、布鲁海牙、粘合南合等也都是汉化很深的色目人。虽然在1261年，中书省官员经过调整，增入了蒙古贵族不花、塔察儿和忽鲁不花等人，但他们由于缺乏实际的政治经验和管理才能，只能是起象征性作用的人物。所以，忽必烈在最初的行政机构的改建中，的确抛弃了蒙古旧制，也难怪守旧的蒙古贵族对此极为不满，他们从蒙古草原派出使者质问当时驻在开平的忽必烈说："本朝旧俗，与汉法不同，今天保留了汉地，建筑都城，建立仪文制度，遵用汉法，其故何如？"对此，忽必烈坚定地回答他们说："从今天形势的发展来看，非用汉法不可。"旗帜鲜明地向蒙古王公贵族表明了自己要实行汉法的决心。

按照"汉法"改革的思路，忽必烈的机构改革是一竿子插到底，从中央到地方，一揽子进行，在地方上除了完善行省制度外，还设立了廉访司、宣慰司。在行省下设路府州县四级行政机构来具体负责地方事务，尽管设置这些都没有什么大的建树，全都是借用了宋、金的制度，然而，他毕竟将蒙元帝国的行政改革推上了汉化的道路。

1263年，完成了中书、行省创建的忽必烈也并没有放松对军事衙门的改置。此前的万户、千户的设置在民政、军政上不分，常有分散军事权力的隐患。随着元朝统治的扩大，一个统一的军事权力机构的建立也势在必行。因而这一年被李王 搞得精疲力竭的忽必烈便下诏："诸路管民官处理民事，掌管军队的官员负责军事，各自有自己的衙门，互相之间不再统摄。"1264 年元月，全国最高军事机构——枢密院诞生了。枢密院的设置，是忽必烈又一次对蒙古原有的军政不分家旧制的重大变革。当然，忽必烈多少也在这个方面保留了一些民族特色，他仍然将四怯薛——亲兵长官牢牢地掌握在自己的手中，以防止突然的事件。万户长、千户长也并没有完全从蒙古帝国清除掉，仍然在蒙古人中保留了这一头衔。并且自从枢密院建立后，出于民族防范的需要，老谋深算的忽必烈从不轻易地把兵权交给汉人掌管，除了他非常信任的几个汉人之外。

从小便习惯在马背上射猎厮杀的忽必烈并未忽视兵权的重要性，实际的斗争经验也使他深深懂得武装力量对于国家政权以及统治的保障作用，就在他即位大汗的初年，此起彼伏的农民起义便"相煽以动，大或数万，小或数千，在在为群。"搅得他心惊肉跳。何况还有一个苟延残喘的南宋小朝廷等着他去消灭，恐怕仅靠蒙古军是完不成这一历史任务的。对军事改革的迫切性、重要性，忽必烈一点没有忘记。随着他的政治统治的稳定，他的军事制度也日趋完善，忽必烈时期不仅有一套完整军队的宿卫和镇戍体系，而且将他的祖先所留下的怯薛制发挥得淋漓尽致。

怯薛制无疑在元朝的军制乃至官僚体制中都具有非常重要的地位，怯薛不归枢密院节制，而由忽必烈及其继承者们直接控制；怯薛的成员怯薛歹虽没有法定的品秩，而忽必烈却给予他们很高的待遇。一个明显的事实是，每当蒙古帝国、大元皇帝们与省院官员在禁廷商议国策时，必定有掌领当值宿卫的怯薛长与闻其事。所以怯薛歹们难免利用自己久居皇宫、接近皇帝的特权，常常隔越中书省而向皇帝奏事，从内宫降旨，而干涉朝廷的军国大政。这与他们所处的环境、身份与地位有相当大的关系。

诚然，忽必烈也知道内重于外、京畿重于外地的军事控制道理，因而，他便建立了皇家的侍卫亲军，让他们给自己保卫以两京为中心的京畿腹地。忽必烈时共设置了十二卫，当时卫兵武器之精良、粮草之充足、战斗力之强，都是全国各地的镇戍军所不敢望其项背的。

我们也不能不佩服忽必烈改建军队的才能，在偌大的民族成分各异的帝国内，忽必烈不费吹灰之力就将不同地区、不同民族的军队分为四种，即蒙古军、探马赤军、汉军、新附军，而对于军队数量之多，连马可·波罗也不能不感到惊奇。他说："忽必烈大汗的军队，散布在相距二十、四十乃至六十日路程的各个地方。大汗只要召集他的一半军队，他就可以得到尽其所需那么多的骑士，其数量是如此之大，以至于使人觉得难以置信。"让我们权且相信这位实际见证人的话吧。

封建王朝的各朝各代，能够控制军队的皇帝，恐怕没有几个，而忽必烈却有幸与他们为伍，他创置军队不仅有新意，而且掌握使用军队也很独特。所以帝国的"天下军马总数目，皇帝知道，院官（指枢密院官）里头为头儿的蒙古官人知道，外处行省里头军马数目，为头的蒙古省官每知道"。这在当时是一个不成文的规定。而且边关的机密，朝廷中没有几个人知道，没有忽必烈的命令，一兵一卒也不能擅自调动。恐怕正是由忽必烈对大元帝国的军事机器的精密装配，才使元朝立足中原一百多年。

　　这便是忽必烈善于变通、勇于革新的第二大内容。

　　除了以上改革之外，忽必烈这位从大漠走来的皇帝在发展生产与剥削方式方面的改革也一点不逊色于其他有为的汉族皇帝。这一点，也正是在这一点上，忽必烈不仅赢得了广大汉人文士们的拥护，也得到了饱尝三百年战乱的中原各族以食为天的农夫们的拥护，因而，中原的人们承认了他"中国之帝"的身份。这就是他的重农政策所取得的巨大成功。他不仅雷厉风行地在全国各地创置劝农一类的机构，派出官员们鼓励农桑，而且多次发布诏令，保护农业生产，还广兴军屯、民屯，颁布《农书》，推广先进的农业生产技术，以指导民间的农业生产，等等，都使被破坏或中断了的农业生产力得以恢复，使得农业经济继续向前发展。他的这项对农业生产方面的改革成功，以至于后来的封建文人们，也不能不对他倍加赞赏，这是一种操纵胜局力量的反映。

≫ 让人才施展才智

　　人才是天下最好的东西。"士为知己者死"一语道出了中国文人们寻求贤君的心怀。忽必烈也深知此理，为了达到他自己最大的胜局，在他有一定的权力基础之后，就非常注重招贤纳士的工作，并给他们一定的权力，让其施展各自的才华，为他所用，取得了良好的操纵效果。

　　中国的儒人文士们也许由于从小就浸泡在"三纲五常"的海洋里，因而所追求的最高理想不过是一生能够有所知遇，仕途通畅，能够施展自己的才能。因而，对他们所尊重的君主，他们总是报以毕生的忠诚与才能。一旦他们找准了一个政治立脚点，就会至死不渝地贡献出他们的智谋、才能，必定要使自己成就一番大事而后安。中国的文人们就是在这寻寻觅觅中，完成了自己与某一贤君或政治集团的结合。

　　对此，忽必烈这位深懂汉文化的君主也是心知肚明的。因而，在他即位的前后，便不断地向处于徘徊、彷徨之中的北中国的士人们发出了延揽礼遇的信号，而士人们被他的精诚所感动，也毫不吝啬地帮助他这位当时还未成气候的藩王。他们非常乐意地想把忽必烈改造成汉统的继承者，以便完成他们毕生所追求的出将入相的理想，从而使得他们在金朝、南宋所遭受的冷遇得到一个补偿。如果用现代政治术语来表示的话，这也不啻是一种政治文化的"侵略"吧。而实际上，忽必烈在许多方面的确被汉儒、文士们在不知不觉中改造过了，尽管他不时地在许多场合表现出蒙古族的思维、处事方式。从他接受并愿意聆听汉人文士们教诲的那一时刻起，命运也就注定了他一生中要按博大精深的汉族政治、文化模式来统治国家，因而，礼贤下士，也就很自然地成为他惯常使用的政治手段了。

从前面的叙述中，完全可以看出即位后时值中年的忽必烈已经从一个"思大有为于天下"的藩王真正地变成了一个能够实现自己的政治理想的皇帝，懂得了"人才乃治之本"、"下治乱，系于用人"的道理，立下要寻求像魏征、曹彬那样辅佐人君成就为一代明君的人才的雄心壮志。

考察忽必烈的毕生事迹，我们似乎可以这样说，是中统建元将他的礼遇人才的理想真正变成了现实。我们看一下他即位后的大举动、大手笔，也就不难明白了。

即位之初，他便发出了"举荐遗逸来求得隐迹的士人，擢拔茂异以得非常之人"的政治信号来延纳人才，揭开了他礼贤下士、延揽人才的第二道序幕。而第一道序幕是他在治理漠南时所拉开的，但由于政治地位的局限，他还不能明目张胆、随心所欲、大张旗鼓地搜罗人才，也不可能在政治上给他所延纳的文士们以名正言顺的职位，只能屈居于幕僚之席。而此刻，今朝非比往昔。

对他有授业解惑之恩的许衡，中统年间被召，便被授予怀孟路教官之职，不久又改任国子祭酒等重职，无奈许衡不喜做官，忽必烈便亲自为他选择蒙古弟子让他进行教育，后许衡多次请求还乡，忽必烈都不准奏，因为他实在舍不得许衡这样的人才离开自己的身旁。

　　像历代重视爱惜人才的英主明君一样，忽必烈为赢得士人们的好感，在帝国的朝廷内也曾营造了一个尊士、敬士的氛围，以便多征求到人才。为此，他曾多次颁布征召士人及其他各方面人才的诏令。至元十八年，忽必烈颁布了征召前代贤才能人的后代，以及儒士，医生，精通卜筮、天文历法、术数之人和知名的隐逸士人的诏令，这次征召范围之广，是以前所不曾有过的，反映了忽必烈急切需要人才的心情。为此，他高兴地采纳了他的亲信侍卫鄂尔根萨里提出的应该招致山泽道义之士以备任使的建议，派遣使者到各地访求贤才，并且专门建立了集贤馆来储蓄被访求来的人才，任命德高望重的司徒撒里蛮出任了集贤馆长官一职。可见，他对征求人才的工作是非常重视的，其措施也是较为切实可行的。

　　对被征召来或应召的士人，忽必烈给予他们很好的待遇。据史料记载，对应召的士人，无论他们才能大小，在未安排使用之前，忽必烈都让他们住进高级的宾馆，并派专人来接待他们，在饮食、住宿、出行的车辆与穿的衣服上都给予了丰厚的赐予。因而，便博得了士人们的欢心，同时也就赢得了不少士人的倾情奉献。当然，任何的慢待士人的做法，也都是他所深恶痛绝的。当时有这样一件事，使忽必烈很是生气。有一位主持应召士人衣食供给的官员，对忽必烈礼遇士人有加的做法不免有所嫉妒，就想暗中进行破坏。于是，他故意将供应给士人的全部食物都陈放在忽必烈经常经过的地方，希望忽必烈能看见而有所减省。果然，有一次忽必烈真的从此经过，不免询问了起来，这位官员回答说："这是一位士人一天的食物供给量。"忽必烈听后非常生气，立刻清楚了这位官员的用意，斥责他说："你想使朕看见这些而减少数量吗？即使是用超过这些的十倍来对待天下的士人，犹恐他们不来，何况还要减少？这样，谁还肯再来！"这动人的一幕，后来传闻出去，不知折服了多少孤傲的士人。由此也可以发现，对待士人，忽必烈的确是优待有加，礼遇备至。

由于这些吸引人才的办法较为得法，也就在当时形成了一种举贤荐贤的良好风气，上有忽必烈的重视与倡导，下面的大臣们便雷厉风行，积极地为元帝国搜罗人才。太保刘秉忠常在宴会、谈话、顾问等接近忽必烈的时机，推荐可以作为官员的人才，他所选拔荐举的人才，后来都成了元帝国的名臣。在他的荐举人才名单中，有枢密副使张文谦，这位洞究术数，尤粹于义理之学的士人，一生为人刚明简重，在忽必烈朝治声颇好，家中藏着数万卷的书简，尤以引荐人才为己任，死后被赠予"推诚同德佐运勋臣"的封号，并赠太师、开府仪同三司、上柱国官爵，可谓位极人臣。其他如太子赞善王恂、御史中丞程思廉、"久著忠勤"的户部尚书马亨，还有"守正不阿"的刑部尚书尚文，以及被忽必烈所信任倚重的安西行省左丞李德辉等等。

对刘秉忠所举荐的人才，忽必烈都给予了信任与重用。从此点上说，刘秉忠也是一位难得的伯乐。其他如姚枢、许衡、张德辉等人都给忽必烈举荐了不少的人才。即便如此，后来在至元年间，忽必烈仍然有"朕身边缺少汉人"的感叹，因而程文海又对他提出了征召南方汉人的建议，并向他举荐了江南著名士人赵孟頫、余恁、万一鹗、张伯淳、胡梦魁、曾晞颜、孔洙、曾冲子、凌时中、包铸等二十多人，忽必烈或任命他们担任台宪职务，或者授予文学之职，都发挥了他们的才能。

程文海奉诏求贤于江南是忽必烈晚年政治备感孤独，并且有心刷新朝政的反映。这一次的大规模搜求江南贤士的做法，再一次地给他的政治统治平添了一些暖暖的春色，他希冀能够通过这样的做法来笼络江南士人们，从而消除他们的抵触之心，以求得江南的进一步稳定。

　　这些做法，自然又招来了蒙古贵族以及元老重臣们的嫉妒与反对，一股嫉才的风气在帝国内悄然兴起。一向敏感的忽必烈很容易就发现了这些苗头，并对这些嫉才、妒才者给予了打击。至元二十四年，他下诏授予江南士人程钜夫（即程文海）为参政知事，立即招来了廷臣们的反对，尤其是那些擅长弹劾的台臣们反对说："程钜夫是南人，并且年龄过于年轻。"指责的重点是用不用南人的问题。因为，在元帝国选任官员时，历来有严重的民族歧视政策，南人则被视作最低等的公民，官员们也都羞于与南人出身的官员同列一个朝廷，在此之前，南人很少有做高官者。但这一次，忽必烈却勃然大怒，斥责官员们说："你们没有任用过南人，怎么知道南人不可以任用呢？"并且很庄严地发布了这样一条命令："自今以后中书省、枢密院、御史台，一定要选拔南人来担任官职。"由于史料的缺乏，我们很难知道当时江南的士人们对此诏令的心理感受如何，但肯定地说，元帝国的政治，自此后又增添了新的内容。

　　在忽必烈的礼遇贤士的活动中，并非一帆风顺的，也并未收到一呼百诺的效应。当时那些孤傲的不思元朝美衣玉食的儒士们拒不应召的行为，也常给忽必烈带来不快的感觉。但度量弘广、不在乎文士们冷漠态度的忽必烈，常常可以一而再、再而三地去征召贤士们，这种不怕碰钉子的做法更体现了忽必烈爱才惜才的宏伟胆识。

　　奉元人杨恭懿，便是一位很难征得的贤才。据载他是一位博学多识，尤其精通《易经》、《春秋》、《礼经》的硕儒。忽必烈父子早就闻其名声，在至元七年（1270年），将他与许衡一起征召，但杨恭懿却拒不应召。此事到此本应该结束了，可前去应召的许衡在被任命为中书左丞（丞相）后，天天都在右丞相安童的面前称誉杨恭懿的贤能，安童又将这报告给忽必烈，忽必烈爱才心重而割舍不得，于至元十年，又再次下诏召杨恭懿做官。谁知，又被杨氏借口有病而婉言谢绝。至元十一年，太子真金秉承忽必烈的旨意，授意中书省官员们，让他们像汉惠帝恭请"四皓"的做法一样来聘请杨恭懿。所谓的"四皓"是西汉初年很有才能、又脾气古怪的四位皓首童颜的大学者，汉刘邦这位爱惜人才而富有仁义之名声的君主，多次都请不到"四皓"来到他的朝廷，吕后却用张良的计策让太子刘盈（即后来的汉惠帝）卑辞安车，与此四位世上高人一起游览，使汉高祖刘邦感到震惊，为此他认为太子的羽翼已丰，消除了改立赵王如意做太子的意图。一千多年后的真金，并不存在邀请杨恭懿来增强他的实力的意图，但杨恭懿最终被元朝毕恭毕敬的做法所感动，在元朝的第三次召请下，终于来到了京城。杨恭懿的到来，当时震动了京师，忽必烈为欢迎杨恭懿，特别派出了以在京师诸位宗王与丞相安童为首的庞大的队伍来迎接他，这位普通的文士当时是否受到感动，不得而知，但场面的隆重热闹却是有案可稽的。忽必烈还设宴欢迎他，在宴会上，详细地询问了他的籍贯、族氏、学问与师承，以及他的家庭情况，来自皇帝的殊荣对这位士人来说可谓是无以复加了。

这种做法，在我们现在看来，都是忽必烈笼络士人的一种手段，但爱才如命的忽必烈对士人的亲切态度的确感动了不少抵触思想不很坚定的汉族士人，许多士人因此而投奔元帝国，从这可见忽必烈对待士人的策略所引起的政治效应是多么强烈！

正由于卓越的用人才能，七百多年前，忽必烈便博得了一个度量弘广、知人善任的美名，这是历史的机遇与个人才能综合的结果。当时为什么诸多人才不去别人的帐下，却都集中在了忽必烈的麾下，要解释这个难题，恐怕还是要追因于他的良好的政治、文化、军事、领导等等的操纵素质上。

≫ 不把错误藏起来

凡是成大事者皆知：每个人都会犯错，而知错就改是一个成大事者的优秀品质。忽必烈一生广开言路，不怕他的大臣揭短，而且还虚心请教，不但得到了他们的尊敬，而且元朝的统治也较为清明。也就是说，品行不端、心胸狭隘的人，很难具备操纵天下的气魄。

中国历史上凡是广开言路、敏于纳谏、知错即改的皇帝君王都能够跻身于英君明主的行列。自从"邹忌讽齐王纳谏"之后，能否纳谏，也就成为某一位皇帝政治贤否的标准，于是，善于纳谏的刘邦与只有一位谋臣而不能用的项羽两人就成为历代君主鉴戒的正反榜样。同样，能否纳谏、知错即改又表明了某位君主帝王的政治素质的高低。

走出大漠的忽必烈也正由于具有如此可贵的品行与智慧，像其他开国君王一样，很有资格地戴上了一顶"敏于纳谏"的桂冠。也正由于他能纳谏，便给后人留下了许多值得思考的经验。

在忽必烈的一生中，有许多将相大臣、著名文士都曾经给他上奏有关纳谏、大开言路、革除弊政的得失，但随着岁月的流逝，这些有益的谏言都在他的大脑中记忆模糊，唯有他信任的老师刘秉忠的话语始终在他的脑海中翻腾，影响了他整个一生。刘秉忠说："君子不因为言谈而废人，也不因人而不采纳他的好建议，使言路畅通，是取得天下的原因，也是统治天下百姓、使政治清明的基础。"显然，颇有慧根的刘秉忠并非就纳谏而谈纳谏，而是把能否纳谏上升到了政治的范畴。忽必烈之所以能对此话铭记在心，是因为善于讽谏的刘秉忠在说明这一看似简单却很深奥的道理时，用了一大串形象的比喻，他说："天地是那样的辽阔无垠，太阳与月亮是那样的明亮，有时候也会被一些物体所遮蔽。并且遮蔽太阳明亮的是乌云；遮蔽人君之明的，是私欲与邪说。一般人有这样的缺陷，只不过遮蔽了一个人的心灵，而人君有了这种缺陷，就会遮蔽天下。"这深入浅出的道理，加上形象生动的比喻，也就难怪忽必烈会留下深刻的印象了。

而刘秉忠并非平凡之辈，他的不平凡就是在讲了一大通道理后又给忽必烈出了怎样纳谏的答案，这就是："作为君主，要常常选出左右谏臣，使他们在君主没有铸成大错前讽谏，他们的谋划能使你的计划谋略更加准确无误。"

或许第一位老师的言谈会影响一个人的一生，如果是这样的话，刘秉忠对忽必烈的个人影响恐怕应该排在第一位。诚然，我们更应感谢刘秉忠，是刘秉忠的教导，当然，也还有诸如许衡、姚枢等人的功劳，在他们的努力与影响下，才使得蒙古族少了一位刚愎自用的大汗，而在中国历史上则多了一位施行仁义，敏于纳谏的皇帝。

到底如何，让我们循着忽必烈纳谏的轨迹作一番寻觅。

1260年，是风云突变的一年，在鄂州前线与南宋激战的忽必烈，收到了他亲爱的妃子察必的情报，蒙哥已死，阿里不哥阴谋夺位。情况十万火急，忽必烈心急如焚，不知计从何出。

在这关键时刻，是郝经这位足智多谋的谋士的《东师议》，解决了他的危机。

郝经建议：首先让精锐军队把守江西，与宋朝议和，迫使宋朝割地纳币。其次，放弃辎重，轻骑速归，渡过淮河后乘坐驿车，直接到达燕都。同时，派遣一支军队直接前去迎接蒙哥汗的灵车，收缴皇帝印玺。真可谓"柳暗花明"，忽必烈没有理由不接受这样完美的谏议与谋略，后来的历史也证明，忽必烈正是按郝经的提议采取了断然行动，使元帝国的大船从浪尖驶向了风平浪静的海湾。

因而，在后来的许多年里，忽必烈都不能忘怀这位使他转危为安、顺利登上九五之尊的谋臣。

可惜，郝经在忽必烈即位初年担任国信使出使南宋后，被南宋一扣便是九年，再没有机会向忽必烈奉献他的睿智英谋了，这是历史与上天造就了郝经的历史悲剧，忽必烈对此也不无遗憾！

如果说忽必烈在这危急关头的纳谏是情势所逼，有些被动，而他做了皇帝后，则所纳之谏就并非情势所逼，由被动到主动，由必然向自然，使忽必烈的纳谏更合乎规律性。

1265 年，蒙古帝国的政局是百废待兴，一切都在重建之中，这时汉法能否继续施行，蒙古帝国的施政方针如何，都为北方的地主阶级所密切关注。针对此，从草野前来的许衡上了著名的《时务五疏》，替忽必烈拨云见日，澄清了疑虑。我们曾在前文谈及他的部分疏议，但仍有必要在此一叙。《时务五疏》其一就是希望忽必烈继续实行汉法；其二是设立中书省；其三是设立纪纲，精于吏治；其四是整顿社会风化，兴教育，使百姓安于生产；其五是劝忽必烈严号令，节喜怒。

这五点都关乎元帝国的政治与民生，因而忽必烈都予以"嘉纳之"。他希望御史官员们能够像历代贤臣那样勇于讽谏，以便使朝廷吏治清明，言路畅通。

在保持言路畅通方面，忽必烈对御史台寄予了很大的希望。历史上，御史台对封建朝廷、封建君主的施政方针、吏治、政务都起过重要的纠正作用。在监督、弹劾贪官污吏方面，发挥了不可或缺的作用，因而御史、监察官员被视作皇帝的耳目，从他们的嘴中君主可以了解民情和风情以及吏治好坏等情况。忽必烈同样如此，所以，他所选任的御史官、监察官员都是名儒或蒙古重臣。忽必烈在全国设立以御史台为首的完备的监察机构，并设立江南诸道与陕西、云南诸道行御史台，行台下设提刑按察司、肃政廉访司机构。官员们的官秩同于内台，以加强对地方吏治、官员的监督。

正由于御史官员是忽必烈纳谏、了解政治得失的重要来源，对其官员的选择就非常谨慎严格。1277 年，在设立江南诸道御史台时，御史大夫姜卫就御史官员的选用问题向忽必烈建议说："陛下把臣我当作了耳目，我把监察御史、按察司官员们当作了耳目，倘若这些官员选非其人，就好像人的耳目被闭塞一样，下面的情况怎么能够达于上听呢？"他的话得到忽必烈的赞同，下诏让御史台严格官吏选拔，并且每当选任官员的名单报上来后，忽必烈必定要集中重要大臣、御史们商议讨论，如被大家认为某位人选不适宜的，就立刻罢劾。由此可见忽必烈对御史官员的重视，从而也能反映他对纳谏的重视。

忽必烈纳谏的可贵之处，是他并不偏信偏从，遇到正确的、对国家有好处的，或纠正他的过错的劝谏，他从来都能放得下面子，给予采纳，有错即改。反之，他则坚持不改。

直到临终前，老年的忽必烈也一直以善于纳谏而著名。

早在忽必烈治理漠南时，有一位叫塞觞的理财官员常常截留蒙哥大汗的财物，在暗中送给忽必烈使用，的确帮助忽必烈解决了藩府不少的困难。将近八十岁的忽必烈这时老爱忆起难忘的几十年前的往事，因而常常在侍臣们的面前提起塞裔，博果密得知来由后，便劝谏说："这个人就是人们常说的作为君王的臣子而怀有二心的人啊，今天如果有一位官员把您内府的财物用来私结亲王，陛下以为如何呢？"听了博果密的话后，忽必烈马上意识到了自己的错误，立即挥手不让博果密说下去，并说："爱卿不要说了，是朕说错了。"忽必烈意识到了他的赞扬会产生的影响，不是对忠臣的勉励，而只能助长不忠的风气。

陆 防变与守赢

用盾和矛较量在于魄力十足

- 防变是指防人之变，即不能因对手变换之后自己坐以待毙。这种教训，至为深刻。不变之变，是一种变，但必须有高明的智略来驾驭。常人往往难以做到。
- 刘伯温在各种复杂的局况的干扰之下，能够区分"盾"和"矛"的不同功用，并且知道何时用盾何时用矛，这是因为他心中的定力十足，从不在表面与人争高低。

紧掐"和"字诀，一和生百便

"和"为做人的大境。刘伯温立世，一向注重以和待人，以和处事。要虚怀若谷，宽以容人纳事，这样才能成大事，立大业。他在《郁离子》中有一段精妙的思虑。

"和"既是事物多样性的统一，也是人类创造性的源泉，因而它就应该是人类共同生活的准则。宽容才能"和人"。有些事情，光靠冠冕堂皇的道德、准则或者纪律来约束，未必一定有效，这就需要当事人以自己的智慧或独特的方式，达到既解决问题又不伤和气的效果。因此，"和人"从本质上来讲，不仅是一种能力，更是一种品德。

刘伯温说：

"树天下之怨者，唯其重己而轻人也。所重在此，所轻在彼，故常自处其利而遗人以不利，高其智以下人之能，而不顾夫重己轻人，人情之所同也。我欲然，彼亦欲然，求其欲弗得则争。故争之弗能，而甘心以让人者，势有所不至，力有所不足与，非夫人之本心也。势至力足而有所不为，然然为盛德之人，虽不求重于人，而天下之人莫得而轻之，是谓不求而自至。今人有惲惲自任者，矜其能以骄，有不自己出，则不问是非皆以为未当，发音盈庭，则畏之者唯唯，外之者默默焉。然后扬扬乎自以为得，而不知以其身为怨海，亦奚益哉？昔者智伯之亡也，唯其以五贤凌人也。人知笑智伯而不知检其身，使亡国败家接踵相继，亦独何哉？"

我们都知道郁离子是刘伯温的代言人，因此从上文中可以摸清刘伯温这样一个思路：

树立天下怨敌的人，是由于他看重自己而轻视别人。所看重的在这里，所轻视的在那里，所以常常把自己放在有利的位置，而把不利留给别人；用贬低别人能力的办法来提高自己的智慧，而无所顾忌地重己轻人，这是人情相同的地方。我要这样，他也要这样，寻求的欲望不能得到，就争夺。因此不能争到的，心甘情愿把它让给别人的原因，是威势有达不到的地方，力量有不足的地方，并非出自本心。威势能达到并且力量也充足却有所不为，就成为道德高尚的人了，虽然不求被人看重，但天下的人也没有轻视他的，叫做不求自来。今人有的自找怨恨，自恃他的才能而骄傲，只要有不是自己发出的，就不问是非都认为不当，发音满庭，就使害怕他的人唯唯诺诺，对他见外的人就默默不语了。然后满脸喜气自以为得意，而不知道因此他自身成为怨海，这又有什么好处呢？从前晋国智伯的灭亡，是由于他凭着五贤欺侮人。人们只知道讥笑智伯，却不知道检点自身，使亡国败家的悲剧接连发生，又是为了什么呢？

做人应首先认清自己，把自己放在适当位置。不要凌驾于他人之上，应相敬相重。看重自己而轻视别人，贬低他人以抬高自己，甚至不择手段地打击排斥他人，只能导致四面树敌，置身于防不胜防之中，而最终结果便是自取灭亡。

刘伯温的以和为贵的思想在其兵书《百战奇略》中也时有表现。

刘伯温烂熟历史，自然对"和"这个概念有较深的体察。据考证，历史上有两件大事对刘伯温注重"和"的思想有直接影响，即周瑜义服程普、蒋琬尊贤。

对刘伯温这样的"高人"而言，三国风云中孕育着大智慧，从周瑜的戎马生涯中，刘伯温汲取了许多经验和教训。

《三国演义》中把东吴水军都督周瑜描写成一个气量狭窄、嫉贤妒能的人，最后被诸葛亮"三气"而死。其实，历史上的周瑜是一位"性度恢廓，大率为得人"的将帅之才。他不仅深通兵法，而且精于音律，每有筵席，所奏音乐小有失误，周瑜必举目瞪视，时人曰："曲有误，周郎顾。"这说明，周瑜不仅是一位带兵的将领，而且还是一个很有艺术修养的文人雅士。据《三国志》记载，周瑜与朝臣共事时，曾一度"唯与程普不睦"。程普是东吴的元老之一，早先追随孙坚攻城野战，多有战功；后随孙策东征西讨，功勋卓著；孙策死后，他又为孙权征伐江夏的黄祖，讨平不服。程普可谓东吴的三朝老将。由于他年龄大、资格老、战功高，因而被人尊称为"程公"，对后起之秀的"周郎"多多少少有一点看不上眼。开始时，周瑜的地位还不显赫，程普尚能与他相安无事，但时隔不久，周瑜被任命为吴军的统帅，程普为副，他就有点受不了，于是倚老卖老，"颇以年长，数凌侮瑜"。在这种情况下，周瑜采取"四两拨千斤"的方法，"折节容下，终不与较"，而且每遇军国大事，还主动虚心向程普请教。周瑜这种宽厚谦让的作风，逐渐在程普身上产生了影响。程普在感动之余，对周瑜的态度有了转变，"自敬服而亲重之"，逢人便说："与周公瑾交，若饮醇醪，不觉自醉。"意思是说，与周瑜交往，就如同喝美酒一般，不知不觉就陶醉了。于是，两人关系融洽，共同为孙吴政权的巩固和发展贡献才智。

周瑜对待程普的高风亮节，与战国时蔺相如对待廉颇的大度豁达，是多么的相似；而程普知错能改的做法，同廉颇的"负荆请罪"也可媲美。这两段故事留给我们的启发就是，在一支队伍中，新老人员应该紧密团结，取长补短，切忌互相不服气，内耗拆台。年轻的要尊重老前辈，老前辈则要支持、配合年轻人，而且前辈对晚辈的提携对于事业的发展来说更为重要。

刘伯温不但叹服孔明，同样从蜀都名相蒋琬身上也时有所鉴。

年轻人最容易犯的通病就是心高气盛，恃才傲物，以为自己是鸿鹄，别人都是燕雀，眼睛总是高高向上，根本不把周围的一切放在眼里。直到有一天，被眼前的门框撞了头，才发现门框比自己想象的要矮得多。要想进入一扇门，就必须让自己的头比门框更矮；要想登上事业成功的顶峰，就必须低下头弯起腰，做好攀登的准备。那些登上顶峰的成功者们，总是微微低着头俯视脚下的人群，因为他站在高处；而他们脚下成千上万的人们，总是高高抬起头向上仰视着成功者们，因为他们站在低处。只有站在低处的人，才总是高高抬着头，因为他的脚下什么都没有，只能往上看。

作为一国的宰相，身处"一人之下，万人之上"的高位，学会"低头"更是一项最基本的要求。前面提到的陆逊，曾经对诸葛亮之侄、诸葛瑾之子诸葛恪说："在我前者，吾必奉之同升；在我下者，则扶持之。今观君气凌其上，意蔑乎下，非安德之基也。"对于陆逊的真诚劝告，诸葛恪听不进去，不以为然，后来果然不幸被陆逊言中，落得个满门抄斩的下场。诸葛亮的继承人蒋琬则是与陆逊相同的一位善于"低头"的人。

据《三国志》记载，德高望重的老丞相诸葛亮溘然病逝于五丈原前线，朝野笼罩着一片惶恐不安的气氛。此时，蒋琬任尚书令、大将军，封安阳亭侯。初居高位的蒋琬"出类拔萃，处群僚之右，既不戚容，又无幸色，神守举止，有如平日"。蒋琬既从容不迫，又不盛气凌人，于是"众望渐服"，局势逐渐稳定下来了。

史称蒋琬"好恶存道"，意思是说，好恶都是以道义为标准，不从个人恩怨出发。蒋琬能够临危受命，稳定蜀汉政权，在很大程度上应归功于他治军驭众有术，这又缘于他为人虚怀若谷，雅量待人，故而能使属下效忠听命，勠力同心。他这种品格的集中体现就是在他主持蜀汉军政大事后，对待部属中个别人非议自己的行为所采取的宽容态度。对于蒋琬的晋升和显赫的权位，并不是所有的人都服气，有的人甚至不把他放在眼里。东曹掾杨戏，沉默少言，性情孤高而内向，蒋琬每次和他商议公事，他都置若罔闻。有人对蒋琬说："你每次与杨戏议事，他都装作没有听见，不予理睬。对上司这样傲慢无理，确实做得太过分了。"蒋琬却笑着回答说："人心不同，各如其面。表面遵从而背后却有意见，这才是古人最不齿的行为。他如果赞成我的意见，又不是他的本意；如果他反对我的意见，又显示出我的错误，因此只好沉默不语，这正是杨戏待人的坦率。"督农杨敏曾在人后散布流言，诋毁蒋琬，说他"做事愦愦，诚非及前人"。有人将这些言论反映到蒋琬那里，并请求治杨敏的不敬之罪。蒋琬却坦然地表示："我是不如前人，有什么好责怪杨敏的。"那些主张处罚杨敏的人就问蒋琬什么是"愦愦之状"，他回答说："苟其不如，则事不当理；事不当理，则愦愦矣。"意思是说，我的才能确实不如诸葛丞相，因此处理事情就不太合适；做事不合适，就显得平庸。这番话说得部下对他更是平添了几分敬意。后来杨敏本人"坐事系狱"，其他人都担心他会被处死，可是蒋琬却"心无适莫，得免重罪"。这就说明蒋琬当初宽恕杨敏，并非矫揉造作，沽名钓誉，而是他宽以待人品德的真切表现。这些例子说明，蒋琬性格中审慎、温良、谦恭的一面，比诸葛亮有过之而无不及。

蒋琬恩德治下并不意味着他是个不讲原则的"好好先生"。史称他"方整有威重"，说明他在治军大事上是坚持原则的，也是颇有成效的。蒋琬与费祎等人"咸承诸葛之成规，因循而不革"，其中自然包括继承了诸葛亮以法治国的思想与政策，"是以边境无虞，邦家和一"。蒋琬所反对的，仅仅是那种自以为是，容忍不得反对意见的行为。在这方面，他与东吴年轻将领陆逊具有相同之处。

公元 222 年（蜀汉章武二年），刘备为给关羽报仇，率兵攻打东吴，孙权任命年轻将领陆逊率兵在夷陵与刘备对峙。针对蜀军锐气正盛的情况，陆逊下令坚守不出。诸将不能理解陆逊的战略意图，认为他是个书生，畏敌不前，因而怨言纷纷。这些将领中有的是孙策时的旧将，有的是王公贵戚，以为自己有后台，不把陆逊放在眼里，不大服从他的安排调动。面对这种情况，陆逊深恐他们擅自行动，破坏全局计划，于是在一次会议上，他将宝剑放在几案上，严肃地对诸将说道："刘备天下知名，曹操所惮，今在境界，此强对也。诸君并荷国恩，当相辑睦，共剪此虏，上报所受，而不相顾，非所谓也。仆虽书生，受命主上。国家所以屈诸君使相承望者，以仆有尺寸可称，能忍辱负重故也。各在其事，岂复得辞！军令有常，不可犯矣。"大意是说：大敌当前，大家应当精诚团结。我虽然是一介书生，但受命领军，主公让你们委屈在我的麾下，说明我还是有一点长处的。军法无情，大家要多加小心。陆逊这番话软硬兼施，义正词严，诸将无不受到震慑。后来吴军火烧蜀军连营七百里，大获全胜，诸将对陆逊的深谋远虑和指挥有方深为敬重。从此之后，陆逊的威信更高，得到文臣武将的衷心拥护，在根本上达到了人和的效果。

自古以来，如何对待自己，如何对待别人，向来是能否搞好团结、能否公正待人的关键。善于团结别人的人，"善则称人，过则称己"，对自己严格，对别人宽容，这样就会得到大多数人的尊敬，创造出人和的气氛；私心极重的人，"忌称人之善，乐道人之恶"，功劳归于自己，错误推给别人，千方百计抬高自己，必定落得个孤家寡人的下场。

不论如何，要做到"和人"，实在是一件困难的事情。但是，正因为其难，才能显示出人的品德与智慧。《菜根谭》中说：

遇欺诈之人，以诚心感动之；遇暴戾之人，以和气熏蒸之；遇倾邪私曲之人，以名义气节激励之；天下无不入我陶冶中矣。

这段话说得轻松，而且太过于理想化了，但是，它表明一种为人处世的心态，那就是抱定以诚待人、以德服人的态度来适应人们个性的不同。俗话说："精诚所至，金石为开"，德行可以感化那些冥顽不化的人，努力这样去做，周围的人际关系就会融洽许多。人生在世，不见得非要做出什么惊天动地的大事业来，就是平常的人际交往，这种"和人"的本领与品德照样可以显示出作用。虽然大千世界芸芸众生，好像人很多似的，但就我们每个人来说，与之朝夕相处或者需要处理好人际关系的也就是周围那么几个人。因为一个人的活动空间是有限的，人际关系的范围也是有限的。常言道：低头不见抬头见。在这种情况下，更需要营造一种和谐的小环境。如何与身边的人处理好关系，表面上看来是一个小问题，其实是一个大问题。朋友之间，同事之间，夫妻之间，亲属之间，相处的时间较长，难免发生磕磕碰碰的事，这是正常现象。处理这种关系的不变法宝只有两个字：宽容。学会了宽容，也就学会了如何走好自己的人生之路。当然，有些人处事的技巧可能高一些，有些人可能低一些，但不论如何，宽容才能"和人"，不论是大人物，还是小百姓，这是不变的法则。有些事情，光靠冠冕堂皇的道德、准则或者纪律来约束，未必一定有效，这就需要当事人以自己的智慧或独特的方式，达到既解决问题又不伤和气，进而达到增进团结、感动别人的效果。

≫ 稳操"忌"字诀，夹着尾巴做人

人生在世，言行上有许多不可把握的误区和禁忌，刘伯温在其一生的磨砺中始终洞察人生难测的禁忌，从而在几度沉浮中，都能化险为夷，立于不败之地。

在处世交往中，有许多禁忌，如果轻易触犯，会招致意想不到的坏结果。刘伯温一生处世之大法，有许多足以警示后人的地方，他的四个禁忌也发人深省。

第一是勿夸夸其谈。

第二是勿好为人师。"人之患在好为人师。"孟子两千多年前说的话言犹在耳。

第三勿轻言人短。刘伯温说："凡事后悔己之隙（过失），与事后而议人之隙，皆阅历浅耳。"换句话说，凡事后议人过失，或者背后议人过失，都是涉世未深的表现。

"世"是什么？世就是人，是人的眼睛、耳朵和嘴巴，是人的警惕、防备和反抗。每个人的内心都翻腾着永不止息的波浪，表面上大家一团和气，一派春光明媚，可在私下却春光锁闭，一团漆黑。所以才有钩心斗角，阴谋诡计，针锋相对，豪夺巧取，稍有风吹草动，就会掀起轩然大波。所以荀子说，人性本恶。

第四勿斤斤计较。刘伯温说：若想做一个好人，做一个完人，第一要在不贪财上下手。如果能做到不贪不吝，那么就能够使鬼服神钦，自自然然，见识日进，正气日刚。否则的话，不知不觉坠入卑污一流，必定有被人看不起的那一天，不可不慎！

刘伯温对人生禁忌也有很深的探讨和体味。他曾对谋士朱升说：

"兵者凶器，将者危任。是以器刚则缺，任重则危。故善将者，不恃强，不怙势，宠之而不喜，辱之而不惧，见利不贪，见美不淫，以身殉国，一意而已。

将不可骄，骄则失礼，失礼则人离，人离则众叛。将不可吝，吝则赏不行，赏不行则士不致命，士不致命则军无功，无功则国虚，国虚则寇实矣。孔子曰：'如有周公之才之美，使骄且吝，其余不足观也已。'"

刘伯温的意思是：

战争似凶残的武器，将领是危险的职务。武器太坚硬就会缺损，职务太重要就有危险。因此，善于做将领的人从来不依靠强权，不凭仗势力；得到宠信时不沾沾自喜，遭受屈辱时不畏惧灰心；面临钱财不贪婪，眼见美色不动心；忠心耿耿，舍生忘死，全心全意为国家服务。

将领绝不能骄傲，骄傲就会失去规矩；失去规矩，人们就会离心离德，离心离德就会导致众叛亲离。将领也不能吝啬，吝啬就不能及时行赏；不及时行赏，士兵就不会拼命死战；士兵不拼命死战，军队就不能建功立业；军队不建功立业，国家就会走向虚弱；国家一旦虚弱，敌人就会借机强大起来。因此，孔子说："如果一个人既骄傲又吝啬，那么他即使具有周公那样的才能与美德，也是不值得称道的。"

《菜根谭》中说："爵位不宜太盛，太盛则危；能事不宜尽毕，尽毕则衰；行谊不宜过高，过高则谤兴而毁来。"就是告诫人们，凡事总要有一定的限度；超过了限度，事物就要向其相反的方向转化。"树大招风"、"否极泰来"、"物极必反"等警句格言都是说明这个道理的。刘伯温在本篇中就是告诫为将者要加强品德修养，行事处世要做到恰如其分，不可过分张狂。

人生无所忌，则犹树无根。刘伯温的人生四大忌是：

（1）忌权欲膨胀

在刘伯温的心目中，诸葛亮是一位登高至极的人物，他时时以诸葛亮为镜子，从其为政涉世的经验中汲取大量的营养。

诸葛亮是一位"宠之而不喜"的杰出楷模。他与刘备具有鱼水一般的情谊，这在封建社会里的君臣关系中实属凤毛麟角。刘备在白帝城永安宫托孤时对他说："君才十倍曹丕，必能安国，终定大事。嗣子可辅，辅之；如其不才，君可自取。"诸葛亮流着眼泪回答说："臣敢竭股肱之力，效忠贞之节，继之以死！"表达了对刘氏政权尽心竭力的耿耿忠心。刘备同时诏敕刘禅兄弟："与丞相从事，事之如父。"对于诸葛亮来说，能够受到皇帝如此宠幸，真是极大的荣耀。陈寿称之为"诚君臣之至公，古今之盛轨"。《资治通鉴》的注释者、元朝著名学者胡三省说："自古托孤之主，无如昭烈之明白洞达者。"刘禅即位后，诸葛亮封爵武乡侯，并领益州牧，开府治事，从此开始了辅佐后主刘禅，修政平叛，图取中原的奋斗历程。在这个过程中，诸葛亮个人的权力与威望达到鼎盛，史称"政事无巨细，咸决于亮"，直至他病逝于五丈原前线。但是，尽管他位极人臣，而且刘禅又是一个扶不起来的庸主，诸葛亮并没有忘乎所以，而是"受命以来，夙夜忧叹，恐托付不效，以伤先帝之明"，为了报答刘备的知遇之恩，对刘禅竭力辅佐，做到了"鞠躬尽瘁，死而后已"。他在当政期间，厉行法治，严明赏罚，使得各级官吏廉洁奉公，蜀汉政治清明，出现了"吏不容奸，人怀自厉，道不拾遗，强不侵弱"的太平景象。到他执政的后期，更是长驻汉中，专心谋划北伐事宜，将朝中政事交与蒋琬等后起之秀处理，从而避免了可能出现的功高震主的现象。诸葛亮如果没有高尚的修养，是很难做到这一点的。

（2）大丈夫能屈能伸

刘伯温作为一代旷世人杰，眼界高远，心胸开阔，审时度势，能屈能伸，他常以汉朝开国名将韩信为例开导其他同僚。

要想做到"头脑冷静，荣辱不惊"，就要善于忍耐。常言道："'忍'字心头一把刀"，说明忍辱负重有时比受宠不喜更难做到。猝然临之而不惊，无故加之而不怒，是坚韧品质达到极致的表现，因而也是从政为官者的极高修养。韩信忍胯下之辱是有史以来最被人称道的例子。

韩信身材高大，仪表出众，总是随身佩带刀剑。他虽然贫贱，但由于志向高远，所以显得气质高雅，给人一种威风凛凛的印象。有一天，他在淮阴城里，被一个屠夫的儿子拦住，此人是一个无赖，存心想找韩信的麻烦，就对他说："看你平常与众不同的样子，也许是徒有其表。如果你有胆量不怕死，就把我杀了；如果你怕死，就从我的裤裆下钻过去。否则，我绝不与你善罢甘休。"韩信狠狠地盯着他，手不自觉地紧握着剑柄。过了一会儿，他松开了手，趴在地上，从那个无赖的胯下爬了过去。家乡人因此而更看不起他，认为他是一个懦夫。其实，韩信一点也不怯懦，而是因为他抱负远大，不愿意小不忍而乱大谋。后来他与部下谈起这件事时说："难道那时我没有胆量和力量杀他吗？只是如果杀了他，我的一生也就完了。因为那时能够忍耐，所以才有今天的地位与功绩。"韩信的头脑冷静，主要得益于他善于忍辱的超人功夫。

（3）忌贪恋钱财

刘伯温在他的著作中多次提及这个问题，可见他对此的重视程度。确实，贪财好色是为官从政的大忌，即使是经商，也要注重操守，讲究"君子求财，取之有道"，这个"道"就是政策法律。当权者如果不依法办事，那么，无论他有多么大的本领，终将失败。在这方面，刘伯温的所作所为，堪称万世师表。刘伯温清心寡欲，注意为官清廉，生活十分俭朴，为下属官员做出了榜样。

刘伯温死后，朱元璋命人清点他的遗产，果然如他自己所说的那样。在那个时代，刘伯温家中的桑树和田地比一般平民多出了不少，但对于身居"一人之下，万人之上"丞相要职的人来说，这个数字就不算多了。更难能可贵的是，他从来不谋私产。他生前在给李严的信中曾提到："今蓄财无余，妾无副服。"作为一国的丞相，竟然连自己的妻子都没有多余的衣服，这是何等的清廉啊！当身处要位甚至领袖之位，权握一国之财，而要做到私无一点，利无一分，却是最难的。权用于私，权大一分就私大一丈，失之毫厘差之千里。做无私的战士易，做无私的官难，做无私的大官更难。令人敬佩的是，刘伯温做到了。

除刘伯温外，明朝的官员大都能够廉洁奉公，例如徐达谦恭朴素，出入常常不带随从，和一般小官员无异，家中从不置财，为官两袖清风，儿子皆布衣素食。朱升生活异常俭朴，从不贪赃枉法，他的妻子有时在家中还要挨饥受寒，他死后，家中找不出富余的钱财。这种风气的形成，与刘伯温所起的表率作用有着很直接的关系。

（4）戒骄戒躁

刘伯温注重历史经验的汲取，他对《资治通鉴》一书理解渊深，几乎熟记如流，其中记述春秋时魏文侯原太子子击的历史故事对他来说，也有很深的触动。

骄傲待人，自以为是，对于承担重大责任的人来说，是一个极其严重的缺点，切不可轻之任之。《资治通鉴》中记载了这样一段故事，对我们具有重要的启迪作用。

春秋时魏文侯原太子叫子击，有一天坐着车耀武扬威地外出。他刚要出京城都门，对面来了一辆又破又旧的车子，上面坐着魏文侯的老师田子方。子击连忙从车上下来，拱着手，让他先过去。田子方连正眼都不看他一下，照直地就过去了。子击瞧他那个神气劲儿，实在有点不服气，于是紧跨几步，上前指着田子方责问道："富贵者骄人乎？贫贱者骄人乎？"意思是说富贵的人可以对人傲慢呢？还是贫贱的人可以对人傲慢？田子方若无其事地说出了一段惊世骇俗的话语：

亦贫贱者骄人耳，富贵者安敢骄人！国君而骄人则失其国，大夫而骄人则失其家。失其国者未闻有以国待之者也，失其家者未闻有以家待之者也。夫士贫贱者，言不用，行不合，则纳履而去，安往而不得贫贱哉！

意思是说，当然是贫贱的人可以对人傲慢，富贵的人怎么敢对人傲慢呢？国君对人傲慢，就会失去他的王位；大夫对人傲慢，就会失去他的爵禄。失掉了王位的国君，没有听说过谁还会把他当做国君一样对待。失掉了爵禄的大夫，也没有听说过谁还会把他当做大夫一样对待。而贫贱的人则不同，如果他的言论不对别人的口味，他的行为不合别人的心意，那么他就穿起鞋拔腿而走便是了，到哪里还得不到贫贱呢！

　　田子方这段话，与老百姓平常所说的"光脚的不怕穿鞋的"是一样的道理。子击听罢，连连叩头，向田子方再三道歉。

　　刘伯温在本篇中对为将者骄吝的后果分析得清清楚楚，而且引用孔子的话，如果有人摊上这两个毛病，即使具有周公那样的品德与才能，也会于事无补。这就告诉我们，骄与吝是为人处世的两大"毒瘤"，一个人如果摊上它们，那就如同得了不治之症。

》 讲求一个"避"字

在一个充满竞争的社会里，谁都不希望失败，都希望平平安安。但社会节奏越快，人们却越不自安，而"飞来之祸"又每每发生。刘伯温通过观察，得出祸福之间并没有一成不变的道理，二者间也没有不可逾越的鸿沟。他认为"骗、暗、诡"这三种人最容易招来祸端。

刘伯温认为：采用不正当手段骗取名誉的人，会有预测不到的祸患。窝藏隐埋暗昧之事的人，会有预测不到的祸害。经常忖度他人，诡计多端的人，有预测不到的祸患。

如何避祸呢？刘伯温提出反其道而行之：诚、明、仁。诚，是诚实不欺，尽管世间充满尔虞我诈，但不能"以牙还牙"，以骗待不诚。刘伯温说：如果那样，人世间就无可信赖，人生一世也兴致索然。如以诚相待，欺骗人的人也会终究醒悟，走向诚信的。

但诚不是一切都信，二者有严格的界限。在此基础上他提出"明"。"明"是心胸坦荡、开阔，用今天的话说，是有良好的心态，心理素质好；明的另一含义是洞察事物。因此，暗也指愚昧、愚蠢。

刘伯温具体阐释"明"可避祸时说：古往今来，那些才能出众的人，人们常称之为英雄。英就是明啊！所谓"明"有两种：他人只看到近前的东西，我则可以看到极远的东西，这叫高明。他人只看到粗大的东西，我则可以看到精细的东西，这叫精明。所说的高明，好比是身在一室，所能看到的距离毕竟有限，登上高楼所能看到的就远了，登上高山的话，看到的就更远了。所说的精明，好比是极为细微之物，用显微镜来观察它，它就会放大一倍、十倍、百倍了。又好比是粗糙的米，捣两遍的话，就可以把粗糠全部除去，捣上三遍、四遍，那么它就精细白净至极了。人是否高明取决于天赋，精明则有赖于后天方面的学问。我刘氏兄弟如今侥幸居高位，天赋方面算不上十分高明，全靠学问来求得精明。好问如同购置显微镜观察事物，好学如同捣击熟透了的米。总而言之，必须心里了如指掌，然后才能说出自己的决断。心里明白再做决断这叫英断，心里不明白就做出决断，这叫武断。对自己武断的事情，产生的危害还不大；对他人武断的事情，招致怨恨实在太深了。只有谦虚退让而不肯轻易决断，才能保住自己的福分。

第三是仁，仁是与人为善的意思，是不用阴暗的心理揣度别人。俗话说：以小人之心度君子之腹，这就是诡、是诈，是过于精明。如果处处与人为善，成全他人，自己也就欣欣向善了。在这一点上，他最崇拜提出"仁"这一学说的孟子。刘伯温说：读《养气》这章，好像对其要义有所领会，希望这一生都敬慕仿效孟子。即使仓卒苟且之时，颠沛流离之际，都会有孟夫子的教诲在前，时刻不离身，或许到死的时候，可能有希望学到他的百分之一。

刘伯温从《易经》阴阳变化的道理，引申出人一定要为后世着想。他开出的避祸的第一个药方是："窒塞私欲，经常念及男儿有泪之日；惩禁忿怒，当思考人到绝气之时。"他痛加反省，五十岁时说：精神萎靡不振到了极点，我年纪还不到五十岁而早衰到如此地步。这都是由于天赋资质不足所致，并又百般忧愁催老和多年精神抑郁得不到快乐而使身体受到损伤，从今以后每天坚持静坐一次，或许等于服一剂汤药的疗效。

刘伯温还把养生之道与祸福联系在一起，说：养生之道，视、息、眠、食四个字最为要紧。调息一定要归海，眼视一定要垂帘，饮食一定要清淡节制，睡眠一定要除去杂念而且恬静。归海，也就是说将气息藏入丹田。海，指气海。垂帘，也就是说眼睛半睁半闭，不全睁开眼睛。虚，是说心中保持虚静，没有思考，腹中虚静而不停滞。牢记这四个字，虽然没有医药丹方秘诀，也完全可以祛除疾病的。这是说健身也可以避祸。

对于"避"字诀的理解，刘伯温也有精辟的探讨，他在《郁离子》中描述了这样一个寓言故事：

郁离子忧，须麋进曰："道之不行，命也，夫子何忧乎？"郁离子曰："非为是也，吾忧夫航沧溟者之无舵工也。夫沧溟波涛之所积也，风雨之所出也，鲸、鲵、蛟、鼍于是乎集，夫其负锋铤而含乎芒锷者，孰不有所俟？今弗虑也，旦夕有动，予将安所适乎？"须麋曰："昔者太冥主不周，河泄于其岫且沏，老童过而惴之，谓太冥曰：'山且沏。'太冥怒，以为妖言。老童退，又以语其臣，其臣亦怒曰：'山岂有沏耶？有天地则有吾山，天地沏，山乃沏耳！'欲兵之，老童愕而走。无几，康回地焉，弗隶又弗防也。康回怒，以头触其山，山之骨皆冰裂，土溃于渊，沮焉。太冥逃，客死于昆仑之墟，其臣皆亡厥家。今吾子之忧，老童也，其若之何？"

戚之次且谓郁离子曰："子何为其垂垂也欤？子非有愿欲于今之人

也，何为其然也？"郁离子仰天叹曰："小子焉知予哉！"戚之次且曰："昔周之娅冶子早丧其父，政属于家童，沸用贿，于是家日迫，将改父旧。其父之老不可，僮群诩而出之；其母禁之，僮曰：'老人不知死而弗自靖也。'夫以其父之老与其母之言且不听也，而况于疏远之人乎？忧之何补，祗自也。"郁离子曰："吾闻天之将雨也，穴蚁知之；野之将霜也，草虫知之。知之于将萌，而避之于未至，故或徙焉，或蛰焉，不虚其知也。今天下无可徙之地可蛰之土矣，是为人而不如虫也。《诗》不云乎：'匪鹑匪鸢，翰飞戾天；匪鳣匪鲔，潜逃于渊。'言其无所住也。吾何为而不忧哉？"戚之次且曰："昔者孔子以天纵之圣而不得行其道，颠沛穷厄无所不至，然亦无往而不自得。不为无益之忧以毁其性也。是故君子之生于世也，为其所可为，不为其所不可为而已。若夫吉、凶、祸、福，天空司之，吾何为而自孽哉？"

刘伯温在这则寓言中大意是说：

郁离子忧郁不乐，须麋劝他说："道义不能通行，这是天命啊，你何必为此而忧虑呢？"郁离子说："我不是为这个啊，是担忧那航行在大海中的船没有舵手啊。大海是波涛聚积的地方，是狂风暴雨兴起的地方，鲸、鲵、蛟、蜃会集在那里，它们有像短矛似的锋刃，哪个不是在严阵以待？现在不忧虑，早晚会发生动荡，到那时我到哪里去呢？"须麋说："从前太冥主宰不周山，河水冲进那里的山洞，山石将要裂开了，老童走过这里便为之担心，并告诉太冥说：'山将要崩裂了。'太冥听了大怒，认为这是妖言。老童退去，又把这话告诉了太冥的侍臣，他的侍臣也大怒道：'山怎么能崩裂呢？只要有天地，就会有我们的山，只有天崩地裂，山才会崩裂！'便要杀害老童，老童惊愕而逃。不久，康回路过这里，太冥没有清除山的隐患，又未加防护。康回大怒，用头触那山，山的主体就像冰一样崩裂开了，山上的土石坍塌到深渊里，最后阻塞了那里。太冥逃走，后来客死在昆仑山的废墟，他的侍臣也都失去了他们的家园。如今您的忧虑，就像那老童的担忧一样，那又能把它怎么样呢？"

　　戚之次且对郁离子说："你为什么那样渐渐地衰老了呢？你对今人没有什么欲望要求，为什么还那样呢？"郁离子仰天长叹说："你小子怎么能理解我的心愿啊！"戚之次且说："从前有个叫娅冶的周家后生，很早就死了父亲，他把家政托付给未成年的仆人管理，他们滥用财货，就这样使家境日益窘迫，将要改变他父亲在世时的旧观。他父亲的老仆人不许可，家童们就群起而骂，并要赶老仆出去；娅冶的母亲禁止这样做，家童说：'老人不知死，就不能自安平静。'他们对娅冶父亲的老仆人和他母亲的话尚且都不听，更何况对关系疏远的外人呢？你光忧愁又有什么裨益，这只不过使自己忧思成疾啊。"郁离子说："我听说天将要下雨时，洞穴里的蚂蚁就知道，而在灾祸未到来时就躲避开，所以有的动物迁移了，有的冬眠入蛰了，它们没有白白地使它们的所知归于无用。如今天下没有可迁移的地方，没有可入蛰的土地了，这是人不如草虫啊。《诗经》不是有这样的诗句么：'为人不如老鹑，不如老鹰，高飞到天际；为人不如鳣鱼，不如鲔鱼，能潜逃到深渊里。'意思是说鸟鱼有自由，而人却无处去。我怎么能不愁呢？"戚之次且说："从前孔子凭上天纵容的圣贤尚不能实行他的主张，颠沛流离，穷困艰难，没有不去的地方，然而所到之处却很不得意。不要让无益的忧虑而毁灭了自己的天性。所以君子生在世上，也就是应做他所能做到的，不做他所不能做到的罢了。至于那吉、凶、祸、福，确实是由上天掌管的，我们为什么还要去自找罪受呢？"

　　要达到社会的长治久安，必须居安思危，防患于未然。而我们的民族往往缺少一种忧患意识，或头脑发热，盲目乐观，或不敢正视现实，回避矛盾，于是一幕幕悲剧在历史上重演。当今社会需要我们具有一个冷静的头脑和一种务实的态度去创造事业。

　　天之将雨，穴蚁知之；野之将霜，草虫知之。避害是各种生灵的本能。然而，人们往往甘于昏庸，不思忧患，且不听忠言，以致大祸临头，无处逃生。如此，岂非虫蚁不如，须知"良药苦口利于病，忠言逆耳利于行"。

　　从这则寓言中，我们可以看出刘伯温对"避"字一词的参透程度。

　　关于"避"字诀，刘伯温在其《百战奇略》中，将它运用于战争，是指导战争的一条重要方针。刘伯温认为：

　　凡是作战中所说的防守，是了解自己的结果，知道自己没有作战获胜的可能，那么我军就应该稳固防守，等待敌军出现破绽劣势的时候，再出击打败它，这样就没有不获胜的道理。兵法上说：知道作战不能获胜就应该全力防守。

　　西汉景帝时，吴楚等七个诸侯国反叛，景帝任命周亚夫为太尉，向东攻打吴楚七国叛军。周亚夫于是亲自上书景帝说："楚国兵马强悍，作战讲求轻灵快速，我军不可以与它正面交锋，希望利用梁国来牵制束缚楚军，然后断绝楚军运粮通道，最终就可以击败它。"景帝同意了这一作战计划。周亚夫率军出征，大兵在荥阳相会。这时吴军正在加紧攻打梁国，梁国局势万分紧急，派人向周亚夫求救。周亚夫率军向东北方推进，进驻到昌邑，然后便修筑坚固的防御工事，在此坚守不出。

梁王派使者催促周亚夫尽快出战，周亚夫却依然如故，坚守不出，断然拒绝派兵援救梁国。梁王上书给景帝说明了这一情况，景帝下诏命令周亚夫尽快派兵救梁国的危急，但是周亚夫对皇命置若罔闻，仍旧按兵不动。

周亚夫坚守不出的同时，却偷偷派出高侯等将率轻骑兵出其不意地奔袭到吴楚军的背后，断绝吴楚军运粮的通道。吴楚兵没有了军粮，饥肠辘辘，便想退军，多次前来挑战，汉军却始终不出战。一天夜里，周亚夫军营中突然大乱，汉军不明真相，自相残杀起来，混战之军打到周亚夫的大帐附近，但是周亚夫却镇定自若，躺在大帐中纹丝不动。没过多久，汉军明白真相，惊乱自然也就平息了。

吴兵猛攻汉军东南角阵地，周亚夫却派兵加紧防卫西北方阵地。没多久吴兵果然猛攻汉军西北面阵地，由于汉军早有防备，吴军没有得逞。吴楚军士兵食不果腹，惊慌四起，不得不撤出战斗开始溃逃。于是周亚夫率精锐之师奋力追击，大败吴楚联军。吴王刘濞丢下大军不管，只带几千名士兵仓皇逃命，跑到江南丹徒固守下来，妄图负隅顽抗。汉军乘胜追击溃败之敌，全部俘虏了叛军，同时收复了所有叛国的郡县。周亚夫又下令"谁能抓住吴王刘濞，赏赐千金"，一个多月后，南方越人抓住刘濞并斩首，拿着刘濞的头来见汉军。周亚夫此次出兵，从守到攻，一共耗时七个月，而吴楚等国叛军全被扫平。

战争中的守绝非单纯意义上的被动防守，守的目的在于等待进攻之敌出现疏漏，而后乘机一击，反客为主。孙子在《孙子兵法·军形篇》中写道："不可胜者，守也；……善守者，藏于九地之下；……故能自保而全胜也。"说的是硬打不能取胜的，就要防守严密。善于防守的人，隐蔽自己的兵力如同深藏于极深之地下，只有这样，才既能够保全自己，而又能夺取胜利。战争中的攻守转换，瞬息万变，顺则攻，逆则守，关键在于能否取得最终的胜利。刘伯温总结出知彼则攻，知己则守，则把《孙子兵法》又向纵深推进了一步，把攻守上升到知战的境界之上，充分表现出守战在战争中的重要地位。

》善于深藏不露，让对手捉摸不透

刘伯温认为，做人行事应深藏不露，只有深藏不露，才能不给敌手以破绽，让人有一种深不可测的畏惧感，从而产生震慑力量。

刘伯温《郁离子》中有这么一个寓言：

石羊先生同郁离子谈话时说："唉，世上有这样的事，你想掩盖，反而更显露；你想抑制，反而更发扬；你想掩蔽不公开，反而传播出他的名声，这不是很奇怪吗？"郁离子叹了一口气说："你没见那南山上的黑豹吗？它刚生下来时，是浅黑色的样子，人们都不知道它是豹子。雾雨天七日不吃东西，为的是润泽它的皮毛而变成黑色的斑纹。斑纹变好了，却又想隐蔽，这是多么痴呆啊！所以悬黎美玉，藏在顽石中，并潜埋在幽深的谷底，它的寿命可以与天地共存；无故而放射出它的光，使人看到它而感到惊骇，于是人们就用锤凿把它的机关打开了。桂树扭曲成结，同栲栩的外形没有什么区别，但是人们带上斫斧寻找它，即使再远再险，人们也不怕找不到它，这是为什么呢？因为它（桂）的香味能传出很远。因此说，'要使人看不见它，就不要像黎明时那样明亮；想要使人不知道它，就不要像鸣叫样发出声音。'所以鹦鹉由于能学人语而被拘禁，蝌蝉由于善鸣而被捕获；臭椿树因为味臭而免遭砍割，王瓜因为味苦而不被烹食。为何不把你的闪烁光彩遮蔽起来，而恢复你的昏暗呢？"石羊先生惆怅了好一会儿，说："可惜啊，我听到你的话太晚了啊！"

"峣峣者易折，皎皎者易污。""木秀于林，风必摧之；行高于人，人必非之。"人不可锋芒太露，要善于掩藏自己的长处，才不至于引人注目，成为众矢之的，千夫所指。此种思想虽说有些消极悲观，但在生活中却仍不失其积极意义。

刘伯温在《郁离子》中有很多相当精彩的说教。

《郁离子》中还有一则寓言，说的也是同样的道理，这则寓言说：

蜈蚣和亚虫在田舍旁的空地上遭遇，亚虫撩起头就逃走了，蜈蚣就追它，在那里旋转绕圈，亚虫迷失了逃跑方向，就张着口等待敌手。蜈蚣上前抓住亚虫的头，身子弯曲，一下子像箭似的射出去，钻进了亚虫的喉咙，吃它的心，又啃它的腓肠肉，然后从它的屁股钻出来，亚虫还不知自己是怎么死的。后来蜈蚣爬行在炉灶上，看见"鼻涕虫"，又想获取它，多足虫劝它说："这虫子虽然小，但毒性可大了，切不可去触动它。"蜈蚣怒道："你骗我太过分了！那天下最恶毒的没有像蛇那样毒的了，而蛇毒又不如亚虫毒。亚虫咬了树，树就死了，咬了人和兽，人和兽就死，它毒性之烈就像火一样啊。然而我却能钻进它的喉咙，吃它的心，像切碎烂鱼那样咬碎它的肚肠，饱饮它的血，并饱食它的肠脂，三天不吃东西仍精神振奋，对这一寸来长的蜿蠕小虫有什么畏惧的呢？"蜈蚣说着伸出它的足就欺凌"鼻涕虫"，"鼻涕虫"舒展舒展了身子，一曲一伸它的触角，吹出黏液而等待蜈蚣。结果蜈蚣一下子被黏液粘住脚跌倒了，想逃走，但脚和头须全分开了，无能为力地躺在那里，被蚂蚁吃掉了。

骄兵必败。蜈蚣一次取胜便头脑发昏，目空一切，自以为打遍天下无敌手，结果身死鼻涕虫之手，为小小蚂蚁所食。狂妄丧身，难道不能令人深思吗？

有一个蒙地的人披上狮子皮便走到墓穴走，老虎看见他就逃去，他认为老虎是害怕自己了。回到家而感到自傲，胆子就更大了。第二天，他又穿上狐皮衣到旷野去，又与老虎相遇，老虎停下斜视他，他恨老虎不逃跑，便呵斥它，反被老虎吃掉。邾（zhū）娄子乘船在河中漂游，至河心失足落水，水涡又把他旋出来，得到一只葫芦而漂流上岸，他认为是苍天保佑了自己，归来以后，既不侍奉鲁国，又不侍奉齐国。后来鲁国讨伐并占领了他的国家，齐国也不肯去救援。君子说："胆大妄为是灾祸的根源，保有功德才可以承受老天的吉祥，吉祥不会轻易出现，只有圣人才配得到它，却还经常反省担忧，害怕他不能取胜，何况敢于自己妄想吉祥如意呢？不是吉祥却自认为吉祥，失去了自己的理智，怎么能免遭灾祸呢？"

胆大妄为肆无忌惮是一切灾祸的根源，那些自以为强大，便目空一切，自以为聪明的人，与蒙人何其相似，引火烧身，必然自取灭亡。

常言道：乐极生悲，物极必反。任何事物都有其度，如果把握不当，都有可能走向其反面，在春风得意之时，更需要保持清醒的头脑，适可而止。切勿陷入狂妄的包围之中，终不可救！闭目塞听，日益昏愦终害己。

郁离子说："人有智而能自视为愚的，天下少有。天下少有不自以为聪明的人，而不知自己能，别人也能啊。有人用智谋偶然获得了成功，就认为只有自己能，于是无处不用。等到时间久了，即使确实以诚心去行事，人们也认为是在用智了，能没有穷尽吗？因此有智而自以为愚，那么天下的智没有能超过它的了。鬼神比人高明的原因，就是凭它的不常啊。由于不常，所以不显露，不显露，所以不可测知。有人认为自己的行为不可测知，自认为不可测知，而不知道自己已被人测知。所以智者不自认为有智，尔后人们就不和他争智。辞掉虚名，接受实质，这才是天下的大智！"

　　贪图虚名，爱慕虚荣，自以为聪明，实为愚蠢，只有清心寡欲，淡泊名利，有真才实学的人，才是天下的智者。

　　在这两则寓言中，刘伯温认为做人应如一潭秋水，不能一眼见底，而要深藏不露，这样才能使对手捉摸不透，无法算计。

- 以思求变，则为永久的取胜之道，否则就会走入绝路。当然，其中离不开敢闯。所谓敢闯，不是指横冲直撞，而是指在一种思变的引导下，做紧迫事，做稳步事。
- 康熙一生思变，沿着目标坚决走下去。这是一种王者气魄支配下的人生抉择。他身上具有一种智闯天下的胆略，同时又不停地变换制胜方略，所以常有惊人之举。

>> 把最好的人才找出来

人才是成功之本。康熙历来重视人才，为能延揽天下英才而煞费心机。人才各有不同处境，故选材之方式也当多样化，他所首创之"博学鸿儒科"便是一例。

明晓人才之重要者就是大智者。康熙是大智者，他不仅开鸿博科，还要亲阅考卷，他曾说："凡有学行兼优，文辞卓越之人……朕将亲试录用。"为了进一步笼络汉族士大夫，康熙于十七年正月决定特开博学鸿儒科，选拔才华出众之士，开局纂修《明史》。

"博学鸿儒科"是康熙皇帝总结我国古代科举制度后新创立的特别科目。我国古代科举制度有一个逐步发展和演变的过程。两汉时，是举荐与考试相结合，设有贤良方正、直言敢谏、文学等诸科，由丞相、列侯、州郡推荐，皇帝临轩亲试录取。至隋唐，科目渐多，其中唯有隋炀帝大业二年始设之进士科最难。它"凭文取人，专主章句"，五十岁考取即算幸运，故有"三十老明经、五十少进士"之谣。至唐玄宗开元十九年又创博学宏词科，宋继之。至元明清，科举仍以进士为主，并专以八股文取士。所以，康熙一方面沿袭常规之科举旧制，网罗汉族士子；另一方面又通过荐举之法，敦请名节之士出仕任职。然而一般被荐者

"实应者寡"，必须抓住有利时机，采取特殊办法，才能达到目的。

康熙十五年五月以降，平叛战争形势发生巨大转机。陕西、福建、广东、江西等各个战场相继获胜，各路大军齐集湖南，聚歼逆首吴三桂之势已成。明朝遗老复辟故国的最后幻想已经破灭。考虑到这种形势或许对那些"气节之士"能有所触动，康熙便借机再次向他们伸出友谊之手，于康熙十七年正月宣布特开博学鸿儒科。

博学鸿儒科，又称博学宏词科，与唐宋"博学宏词科"名称一致，欲借用其名以加重此科地位，但做法却比较灵活，基本上是采用两汉时期荐举与考试相结合的方法。同时，将宏词改成鸿儒自有深意，因为"鸿儒"系硕学能文之大儒，本身即是极尽荣誉尊崇的称谓。康熙对此降谕，宣称："凡有学行兼优，文辞卓越之人，不论已仕、未仕，令在京三品以上及科道官员，在外督、抚、布、按，各举所知，朕将亲试录用。"大学士李蔚等遵旨荐举一百七十余人。各地名流学者、怀才不遇之士，皆在被荐之列。因丁忧、病故等因，陆续至京者一百五十人左右。康熙推迟考期，每月每人给俸银三两、米三斗，至试后止，以使研练辞赋，无饥寒之虞。

十八年三月初一日，康熙钦试内外诸臣荐举博学鸿儒一百四十三人于体仁阁。试题二道《璇玑玉衡赋》，《省耕诗　五言排律二十韵》。试毕，吏部收卷，翰林院总封，进呈皇帝。次日，康熙至霸州，携诸卷亲阅，后交阅卷官大学士李蔚、杜立德、冯溥和翰林院掌院学士叶方蔼公阅，并商议录取人选。康熙经过精心考虑，凡在所必取之人，即使作诗出了韵，或用语犯了违碍，一律曲加通融，不做计较。浙江萧山毛奇龄卷中有"天倾于北，岂炼石之可补"语，康熙未挑剔其政治含意，仅问："娲皇补天事信乎？"溥答："赋主铺张，古籍宜可用。"于是毛被取中。

无锡布衣严绳孙，系明朝尚书严一鹏之孙，试日借口目疾，仅赋一诗。但因皇帝平素知其姓字，特谕阁臣："史局不可无此人"，遂取为二等。最后取中一等彭孙等二十名，二等李来泰等三十名，一时名儒秀彦多与其选。

入选之博学鸿儒，经过反复商酌，最后决定从优俱以翰林用，根据其现任、候补、已仕、未仕等情况，分别授予侍读、侍讲、编修、检讨等职。另据康熙谕旨，在与试未中者间，择年高之布衣处士陕西孙枝蔚等七人，及来京后因年老未与御试的太原傅山、定兴杜越，亦特旨："俱着授内阁中书"，以宠其行。

康熙十八年，镇压"三逆"叛乱已取得重大胜利，全国即将再现统一局面，明朝复辟危险已不复存在。在此形势下，康熙认为，褒奖明末忠臣义士，发扬忠君思想，有利于团结汉族士大夫，巩固清朝统治。因而通过鸿博科试，取因顺治朝坚持公正纂修《明史》而屡被攻击的汤斌为一等，授为翰林院侍讲，不久又升为《明史》总裁官、江苏巡抚等职。可见康熙之英明。

总之，通过鸿博科之荐举，受益者甚多，使清廷掌握了当时名流学者的基本情况。有些学者虽未能参加鸿博科御试，朝廷仍设法聘请参与纂修《明史》。如当时著名史学家、鸿博被荐人员万斯同应聘至京，但因辞入馆，不署衔、不受俸，仅答应以"布衣"身份参与修史。因他熟知明朝史事，故史馆对他极为倚重和信任，请他复审所有书稿，历时十九年之久，实际上起了总裁作用。名儒黄宗羲以老病不能就道，除允许录其所著书外，并令其子黄百家应聘入馆。康熙为网罗硕儒遗老，不遗余力，亦不拘形式。

通过博学鸿儒科试及《明史》之开局，康熙与汉族士大夫，特别是江南士大夫的关系更加密切。据统计，在取中的五十人中：江苏二十三人，浙江十三人，直隶五人，安徽三人，江西二人，陕、豫、鲁、鄂，均各为一人。考取者不仅参与修史，而且其中汤斌、秦松龄、曹禾、朱彝尊、严绳孙、潘耒等，曾被选任日讲起居注官；陆柔、朱彝尊等，先后入值南书房。严绳孙担任日讲起居注官后，一改往昔高傲态度，凡职所当尽者，无不夙夜兢兢，以报圣祖知遇之恩。康熙与这些鸿儒不仅在任时密切交往，在他们离任返乡后，仍与他们保持友好关系。如汪琬，因修史时与别人意见不一，仅在馆六十日即告病返乡。时间虽短，康熙亦未忘怀，南巡时驻跸无锡，以其久在翰林，有文誉，居乡甚清正，"特赐御书一轴"，时人荣之。同邑人尤侗，修史三载告归，康熙南巡至苏州，主动献颂诗。康熙大喜，赐御书"鹤栖堂"额，迁侍讲，称之为"老名士"。此外，南巡时，对致仕返乡的朱彝尊、邵远平等均赐御书额幅。邵远平，杭州人，因赐额御书"蓬观"，故自号"蓬观子"，以志得意。

>> 做人之根不能不正

　　做人必须求正。康熙历来治吏严厉，而对自己的子孙，其要求更是严格，因为只有这样，才能做到一碗水端平，使臣属心悦诚服。

　　康熙教育他人、训导士子是那样严厉而认真，而对自己的子孙又教育得如何呢？从客观说，康熙妻妾成群，必然子孙满堂，然而他并不因此而感到幸福，反而有无限的忧虑。可以说，多一个子孙，就多一分忧愁。子孙多，则争皇位，继承人难选；另一方面的忧愁是：子孙多若教育不好，则成为纨绔子弟，为世人所讥笑。又忧愁他们恃贵纵恣，大胆妄为，触犯刑律，不得不刑之以法。因此为消除忧患，康熙总是严于教子，且宽严结合，方法得当，在从严教子上，他同样是天下人的表率。

　　康熙共有子三十五人，其中夭折十一人，尚有二十四人。由于严格的教育，诸子能文能武，能上能下，多为英奇之才。

　　康熙对皇子的教育，皆从幼年抓起，慎选教师，并亲自教诲督促，严格训饬。并曾对诸官说：朕经常想到祖先付托的重托，对皇子他们的教育应及早抓起，不敢忽视怠慢。天未亮即起来，亲自检查督促课业，东宫太子及诸皇子排列次序上殿，背诵经书。至于日偏西时，还令其习字、习射。复讲至于深夜。自春开始，一直到岁末，没有旷日。其教育内容有经学、史学、文学、算术、几何、天文、历法等书本知识，以及骑马、射箭、游泳、狩猎等体育项目。同时还教以书画、音乐及其各种火器的使用。

除了具体课目，康熙尤其注意向皇子皇孙们讲授修身齐家治国平天下的大道理，使他们能够掌握古今之时变，治世之要道。为把他们都培养成继承祖宗大业的接班人，防止宝鼎坠落，半途而废，皇子长到几岁、十几岁或二十几岁时，就跟随皇父外出巡视、谒陵、骑马、射箭，甚至参与出征、野营训练等经风雨见世面的活动，以便他们了解和体验各地风情、民间疾苦。1696年康熙御驾亲征时，命太子坐镇京师，其余几个皇子分别管理旗营事务，并参与军事议论，接受战争的考验，可谓称得上是一次诸子实战的大演习。对此，法国传教士白晋以他在皇帝身边的见闻，向路易十四大帝做了如实的报告。

白晋在报告中说：中国皇上以父爱的模范和特别的关心皇子教育令人们敬佩。1694年，皇上有十四位皇子和几位公主，其中十位是美男子，且才华横溢。其他皇子当时还年幼，皇子的老师是从翰林院优秀的大学士里选拔出来的，都是全国公认最有才学的人。尽管如此，皇上还是要亲自逐个检查皇子们的学习情况，了解他们的细枝末节，甚至批阅皇子的作文，让他们在皇父面前讲解书籍内容。

白晋还说，中国的皇上特别注意对皇子们施以道德教育，努力进行与他们身份相称的各种训练。皇子们一学会走路，立刻就教他们骑马、射箭、放枪的方法，以这些训练代替皇子们的游戏和娱乐。然而，皇上并不喜欢别人溺爱皇子。不仅如此，皇上还希望他们从小就在劳动和艰苦的环境中锻炼，并习惯于食用粗糙的肉类。在报告中，白晋谈到了十年以前的一件事，说是随从皇上行幸归来的张诚神甫对他谈了下面的一席话：皇上在这次旅行中，最初皇上只带了他的长子、三子和四子，可是行狩猎一开始，皇上又召来三个皇子，其中最大的十四岁，最小的只有九岁。这些年幼的皇子一天到晚身背箭筒，一手持弓，时而纵马向前奔驰，时而缓慢而行，时而止步不前，向某个目标射箭。他们在马背上整日受风吹日晒，约达一个月之久。不论哪个皇子，没一日是空手而归的。皇子们才刚刚开始狩猎，最小的皇子竟搭上小箭，射死了两只小鹿。

白晋在报告中说，这些皇子都懂得满语和汉语，而且说得很好。就连最小的皇子当时也读完了"四书"中的前三部，正在学习第四部。皇上不许照顾皇子的人宽容他们任何微小的过失。这对西方来说，虽然欧洲宫廷也很重视王子们的教育，但中国比欧洲更加重视。皇子周围的人都知道，如果他们隐瞒皇子的过失，就会受到严惩，因而他们也从不隐瞒。

>> 万不可麻痹大意

为人处世，断不可"一叶障目，不见泰山"，康熙身为一国之君，更深知不可凭一己之好恶定天下之大事，凡事当以社稷大业为重。

尊崇达赖喇嘛，利用佛教为提高皇权和维护国家统一服务，是清太宗制定的国策，为以后历朝所恪守。

达赖属于西藏佛教格鲁派，后世称之为黄教或喇嘛教。南宋淳　四年（1244），西藏佛教派别中势力最大的萨迦派（俗称花教），教主萨迦班智达前往凉州，觐见窝阔台的皇子阔瑞，议定了西藏地方归顺蒙古大汗的条件及缴纳贡赋的品种和数量。元朝建立后，西藏正式隶属中国版图。当时，西藏佛教派别还有噶举派（俗称白教）与萨迦派势力相当；宁玛派（俗称红教）、本布派（俗称黑教）等派势力次之。萨迦班智达逝世后，其侄八思巴于1269年被元世祖封为"大宝法王"，即萨迦政权的创始人、第一任萨迦法王。自此，西藏第一次出现以"僧人统国"为特点的政教合一的地方政权。明洪武五年（1372）刚即位不久的第司政权第二代法王释迦坚赞，派人赴京朝贺。明太祖封他为"灌顶国师"，并赐玉印。其他教派凡赴京朝贡者，亦分别授予法王、西天佛子、大国师、国师等职。第司政权第五代法王札巴坚赞于永乐四年（1406）被封为"灌顶国师阐化王"。他执政期间颇有建树，对宗喀巴创建的格鲁派（黄教）采取扶植态度。

宗喀巴原来曾信奉噶举派。明朝初年，他痛感萨迦、噶举等派均失佛教本旨，不守戒律，胡作非为，便立志创建新派。

格鲁派，提倡"苦行"，"敬重戒律"，不娶妻，禁饮酒，戒杀生等等。宗喀巴自明洪武二十五年（1392）三十六岁时收徒，其著名八大弟子中，第二人克珠节即第一世班禅，最末一人根敦朱巴即第一世达赖。

明成化十年（1474）根敦朱巴逝世，黄教学习噶举派"转世"相承的制度，以定次年后藏达讷地方出生的根敦嘉措是根敦朱巴转世的"灵童"。此为黄教第一个大活佛转世系统。到了二世达赖根敦嘉措时期（1475—1542），黄教已有较大发展，不仅在前藏、后藏奠定了坚实的基础，而且传播到西康、阿里、青海等地。然而与此同时，反对黄教的势力也日益猖狂。以仁本巴·顿柱多吉为首的后藏世俗农奴主，与噶举派的噶玛噶举、直贡噶举相勾结，对黄教采取敌视态度，并兼任第司政权摄政，干预政务。因此，三世达赖索南嘉措（1543—1588）中年以后离开了西藏，去青海、西康、内蒙古等地传播黄教。

明嘉靖三十八年（1559），内蒙古土默特部的俺答汗率众西入青海，见黄教在群众中威信日增，颇有好感，故邀请索南嘉措到青海会晤。明万历六年（1578）五月，索南嘉措应邀到青海，在新建的仰华寺与俺答汗会晤。俺答汗赠送索南嘉措"圣识一切瓦齐尔达喇达赖喇嘛"尊号。"圣识一切"意即遍知一切，"瓦齐尔达喇"是梵文"金刚持"的意思。"达赖"是蒙古语大海，"喇嘛"是藏语大师之意。即佛家显密两宗达到最高成就，如海一般的大师。从此有了达赖喇嘛这一称号。

索南嘉措为达赖三世。后人便追认根敦朱巴为一世达赖喇嘛，根敦嘉措为二世达赖喇嘛。在这次会晤中，达赖三世回赠俺答汗"咱克瓦尔第彻辰汗"尊号。"咱克瓦尔第"是梵文"转托圣王"，"彻辰汗"是蒙古语聪睿王。此后，索南嘉措曾应邀去内蒙古各地讲经说法，广收徒众，使黄教的影响遍及内外蒙古。三世达赖索南嘉措最后死于应明帝邀请赴京途中。

三世达赖逝世前后，西藏政局发生了重大的变化。第司政权的摄政仁本巴·顿柱多吉的部下辛霞巴·才旦多吉发动政变，推翻了仁本巴，占据了后藏。万历四十六年（1618），辛霞巴·才旦多吉曾孙敦迥旺布又率军攻陷了前藏，推翻了第司政权，建立了噶玛政权；自称"藏堆吉布"，汉文史书称之为"藏巴汗"。

噶玛政权与第司政权虽同属噶举派，但对黄教态度却截然不同。藏巴汗联合青海喀尔喀蒙古却图台吉，欲用武力消灭黄教。但黄教却得到了厄鲁特蒙古和硕特部顾实汗的援助。崇祯十年（1637）正月，顾实汗率部自新疆进入青海，推翻蒙古却图台吉统治，占领青海。不久，他又攻入西康，占有今之石渠、邓柯、德格、白玉、甘孜等地，派人征收赋税。崇祯十四年，顾实汗受五世达赖和四世班禅的密诏率兵入藏，翌年推翻噶玛政权。达赖五世罗桑嘉措遂在顾实汗支持下建立了噶丹颇章政权，自任法王，下设第巴一人，总理政事。首城建在拉萨，并兴建布达拉宫。自此，达赖取得西藏地方的政权。但顾实汗也不离开西藏，实际上控制着那里的政务。

早在清崇德四年（1639）十月，太宗皇太极就遣使致书于西藏原汗和"掌佛教大喇嘛"。信中说，"朕不忍古来经典泯灭不传，故特遣使延致高僧，宣扬佛法，利益众生"，表达了慕名聘请之意。同时期，顾实汗得知东方兴起强大的清朝，便联络达赖、班禅及藏巴汗，共同遣使朝贡。

使者伊拉古克三胡土克图等人，历经千辛万苦，"自人迹不至之区，经仇敌之国，阅数年"，于崇德七年（1642）十月抵达盛京。太宗待以优礼，亲率诸王贝勒大臣出怀远门迎接。伊拉古克三胡土克图等朝见皇太极，并以达赖喇嘛等书信进上，书中称太宗为曼殊师利大皇帝。曼殊即汉语"妙吉祥"。皇太极起迎受书，设座于榻右，命使者坐，赐茶，大宴于崇政殿。接待礼仪之隆重，几乎与后世接待达赖喇嘛相似。翌年，使者回藏，太宗赐以金银珠宝遣使偕往，并致书于达赖说："大清国宽温仁圣皇帝致书于大持金刚达赖喇嘛。今承喇嘛有拯济众生之念，欲兴扶佛法，遣使通书，朕心甚悦，兹特恭修安吉。"由于达赖喇嘛等主动遣使与清朝通好，四川、甘肃及西藏的一些土司、番僧亦"先后入贡，献前明敕印，请内附"。也就是要求依附大清朝。

顺治帝执政期间，达赖喇嘛与清朝的关系又有了新的发展。顺治元年，清兵进关，定鼎燕京，顺治帝采纳顾实汗建议，遣使往迎达赖喇嘛。顺治四年，达赖、班禅各遣使献金佛、念珠，表颂功德。次年，福临遣使复书问候达赖，并再次敦请。达赖复书，许于顺治九年朝觐。清廷对此极为重视，届时特命和硕承泽亲王硕塞等往代噶迎接，修筑黄寺为其下榻之处。顺治九年十二月十五日达赖喇嘛率领班禅及顾实汗的代表至京，谒顺治帝于南苑，进马匹、方物。顺治帝予以隆重接待，在太和殿设宴为达赖洗尘。翌年二月，达赖辞归，顺治帝设宴饯行，赐金银、缎匹、珠玉、鞍马等，并命和硕承泽亲王硕塞偕固山贝子顾尔玛洪、吴达海率八旗兵护送至代噶。四月，又遣礼部尚书觉罗郎球、理藩院侍郎席达礼等，为达赖喇嘛赍送满、汉、藏三种文字的金印和金册，于代噶封达赖为"西天大善自在佛所领天下释教普通瓦赤喇怛喇达赖喇嘛"。从此，达赖喇嘛这个封号及其在西藏政治上的地位由朝廷正式确定下来，并使其具有全国佛教首领的意义。达赖喇嘛由中央政府册封之制也由此开端。在这次觐见中，顾实汗虽未亲自来京，顺治帝以其稳定青藏形势之功，并忠于朝廷，特派内大臣囊努克、修世岱等人随达赖喇嘛至拉萨，赉送满、汉、蒙古三种文字之金印、金册，敕封他为"遵行文义敏慧顾实汗"，要求他"益矢忠诚，广宣声教，作朕屏辅，辑乃封圻，如此则带砺山河，永膺嘉祉"。鼓励他进一步忠于朝廷，以永保荣华富贵。

　　清朝皇帝之所以这样尊崇和优待达赖喇嘛，是出于政治上的需要。达赖不仅是西藏政治、宗教方面的领袖，而且他所推行的佛教格鲁派也得到了蒙古各部的普遍信仰。尊崇他，不仅能结好西藏，且可借以抚绥蒙古，这对扩大和维护清朝在全国的统治无疑是一项积极的政策。假如从其个人好恶来讲，康熙是无论对道教、佛教均不感兴趣的，他经常训斥、限制各地僧侣，但仍恪守先帝尊崇达赖、抚绥蒙古的既定国策，不时派人去西藏看望达赖、班禅，温旨有问，赏赐贵重礼品，由此可见其开明。此外，康熙还规定由四川、康定税收项下，每年拨给达赖白银五千两，作为僧众养赡；每年给班禅茶叶五十大包，作为札寺僧众熬茶之用。康熙的关心得到了回报：达赖、班禅亦经常遣使进贡，对朝廷十分敬重。

≫ 不重蹈前人之覆辙

常言道："以史为镜，可以知得失。"华夏山河几千年王朝更迭，看无数君王谁成千秋霸业、何人为万民唾弃？其胜，所凭者何？其败，所为者何？若为明主，必当察古知今、以为镜鉴，才能不重蹈前人之覆辙。

宋代为皇帝讲解经史所特设的经席，称之为经筵。元明清三代仍循沿此传统。早在康熙二年夏四月十五日，福建道御史王熙首先提议：宜及时举行经筵，请于满汉词臣中，先择老成持重、学问渊博之人，授为讲官，将经史中有关治理国家方面的言论，采辑翻译，以备进讲。并请早修三朝实录，撮其要旨，编为祖训一书，每次同经史进讲。皇上看到祖训文章，更有利于圣学之发挥。

康熙六年皇帝躬亲大政之后，又有人提出，如不讲经求史，研究义理，深知先代兴衰治乱之原，以及人情事情，稼穑艰难之事，那么，凡是处理财务，用人行政，怎能完全处理好，以法天下而垂后世呢？臣请敕下礼部，详议讲读之规章，取内府所藏之世祖章皇帝时译定诸书，选择有利于治国者，如五经、四书，都是修身治国平天下之道理。唯有通经尔后才能明理。史书通鉴，备载历代治乱得失之事，必鉴古乃能知今，皇上在听政之暇，讲论研究，寒暑无间。仍然请慎选老成清正之臣，以充讲读之任，使其朝夕侍从，尽心辅导，以便增加思路以广见闻，圣德愈高，圣治益大。

康熙皇帝很愉快地接受了这一建议，遂于康熙八年（1669）四月十五日，在彝伦堂开讲易经、书经。讲毕，康熙对满汉学人说：圣人之道，如日中天，讲究信守，以便治理。康熙九年十月十三日，他又谕礼部：帝王图治，必须继承古代文人遗产，以治国之道开导帝王，大有益处，经筵日讲，允属大典，宜即举行。礼部应详察典例，择吉日举行上奏。十一月三日，礼部议定：应照顺治十四年例，每年春秋二次举行。讲官听内阁酌定人员数目。经书讲章，应令讲官撰送，内阁酌量改定，提前恭进御览。

这一建议作为制度得以确定下来。康熙十年四月九日，初次举行日讲，告祭先师孔子。十日，命日讲官进讲。从此后，日积月累，年复一年，经筵日讲，寒暑无阻。康熙十二年二月初七，康熙对学士傅达礼说：人主临御天下，施政大计，未有不以讲学明理为首要任务。朕于听政之余暇时间内，即在宫中披阅典籍，特别感到义理无穷，乐此不感疲劳。何来隔日一进讲，朕仍不以为满足。嗣后尔等宜每天侍讲，阐发书之宗旨大意，为学之功，庶可无间断。

同年三月初四日，因修建宫殿，康熙移往瀛台，也不让停讲，要讲官陪同前往新居，如常进讲。指出：学问之道在于实心研索，若视为故事，讲毕即置之度外，是务虚名，于身心何益。朕于诸臣进讲之后，每再三反复思考，稍有心得体会，即和学者相互讨论，务求道理明确而后止。至听政之暇，唯有读书作字而已。十三日，讲官进讲毕，康熙对他们说：从来君臣一心图治，天下不患不治。知人难，用人不易，致治之道，关键在此。

五月初三日，因夏季到来，翰林院掌院学士傅达礼等人要求辍讲。康熙不赞成说："学问之道必无间断，方有益处。此后寒暑，不必停讲。"在京如此，出郊外或巡视南苑，康熙帝始终让进讲官陪同，仍不停讲。

综上不难看出举经筵，坚持不断，犹如政治论坛，既研讨国家大事，君臣间又相互切磋学问，教学相长，不无裨益，康熙深得此惠。

- "退则为进"，这是《孙子兵法》中的一条取胜之道。退有两种，"可退之退"和"不可退之退"。前后两者都取决于细察善变。

- 纪晓岚一生善退——不越过对手的界线，不跨过对手的防区，在平淡之中想心事，谋心事，从而不被是非缠绕。

>> 学会应变就会无死路

随机应变者应当像水一样，以变求路，以变求生。在整个人生的流程中，所有宠辱，都是身外之物，真正的自我，是善于调整心态的修身者。俗话说："静以修身，淡以明志"，可见，人在宁静之中心绪就像秋水一样清澈，可以看到心性的本来面目；在淡泊中意志情趣才会平和愉悦，可以得到心性的真正体味。正如古人所说："去留无意，任天空云卷云舒，宠辱不惊，看窗外花开花落。"此为人生一种境界。

孔子认为人和自然是一体的，山和水的特点也反映在人的素质之中。因此他说："智者乐水，仁者乐山；智者动，仁者静；智者乐，仁者寿。"在千变万化的大自然中，山是稳定的，可信赖的，它始终矗立不变，包容万物，是最可靠的支撑；水则是多变的，具有不同的面貌，它没有像山那样固定、执着的形象，它柔和而又锋利，可以为善，也可以为恶；难于追随，深不可测，不可逾越。

仁爱之人则和山一样平静，一样稳定，不为外在的事物所动摇，他们以爱待人、待物，像群山一样向万物张开双臂，站得高，看得远，宽容仁厚，不役于物，也不伤于物，不忧不惧，所以能够长寿。

聪明人和水一样随机应变，常常能够明察事物的发展，"明事物之万化，亦与之万化"，而不固守一成不变的某种标准或规则，因此能破除愚昧和困危，取得成功，即便不能成功，也能随遇而安，寻求另外的发展，所以，他们总是活跃的、乐观的。

纪晓岚经过卢见增一案的牵连，经过两年多西域风霜的锻炼，经历过编纂《四库全书》中的风风雨雨，洞视人间的世态炎凉，所以老年后功名利禄之心大减；纵才傲物的性格为之一变，变得世故老到起来。

纪晓岚晚年，对围棋有浓厚兴趣，并且自号"观弈道人"。他在68岁写的《槐西杂志》小引里，就是这样署名的："壬子六月，观弈道人识。"

纪晓岚拥有一副别致的棋子，圆滑秀美，晶莹透亮，那是朝鲜使臣邓思贤送给他的。黑子全是海滩细石，大小粒粒一致，不知经若干年海水冲刷所致。白子全是海滩贝壳，也被海水打磨得洁白如雪。碎石和贝壳虽不珍贵，但要拾取这么多厚薄均匀、颜色一致的，非一朝一夕之功，从这点看，就值得人特别珍视。纪晓岚非常喜爱，放在书斋里，经常把玩。可惜后来被棋友范司农借去，范氏死后，棋子不知下落。纪晓岚惋惜不已。

纪晓岚对下棋有他的独特看法。他觉得对弈之事，"消闲遣日，系不妨偶一为之；以为得失喜怒，则可以不必。"他常引用苏东坡的诗："胜固欣然败亦喜。"又推崇王安石的观点："战罢两局收白黑，一秤何处有亏盈。"把下棋看作消遣，从不计较胜负。纪晓岚乾隆五十八年有《再题桐荫观弈图》，诗云：

桐荫观弈偶传神，已怅流光近四旬。

今日鬖鬖头欲白，画中又是少年人。

一枰何处有成亏，世事如棋老渐知。

画星儿童今长大，可能早解半山诗。

其序云："丙午七月，属沈云浦做《桐荫观弈图》，意谓不预其胜负而已，犹有胜负者存也。后读王半山诗曰：'莫将戏事扰真情，且可随缘道我赢。战罢两局收黑白，一枰何处有亏盈。'乃悟胜负亦幻象。癸丑五月，偶然检视，题此二诗。然半山能言之而不能行，予则仅能知之耳。因附识以志予愧。"

为表明这种态度，他经常把从兄纪方洲、纪坦居那里听来的两个故事讲给朋友听。

纪晓岚老家景城真武祠，有一道士酷爱下棋，人称"棋道士"，其本名外人倒不知道。有一天，纪方洲来到真武祠，见桌上置一棋局，只31子。纪方洲以为棋道士外出，便坐下来等待。忽然听到窗外有喘息声，走出来一看，原来是棋道士与一个人正在争夺一个棋子，四手相持，力竭倒地，发出呼哧呼哧的喘息声。

乾隆十二年纪坦居参加乡试。试院有两个考生，以号板做棋盘，以碎炭为黑子，剔碎石灰块为白子，对弈不止，竟忘了应试，终场时一齐交了白卷。

纪晓岚觉得这两个故事里的弈棋者都很可笑，为弈棋竟忘记一切，实在太执着。他把这种弈棋的看法，又用在人生态度上。他自称"观弈道人"，一是表示酷爱棋艺，一是表示自己超然物外的处世态度。

或许正因为有此背景，纪晓岚晚年对他的堂兄纪昭采取的入世态度很是佩服。纪昭进士及第后只做了八年的内阁中书，便辞官家居，唯以诗书课子孙，日与友人诗酒唱酬为乐。乾隆三十二年春天，纪晓岚返回北京前，纪昭赠诗相送，其中有"敢道山林胜钟鼎，无如鱼鸟乐江湖"二句，是劝纪晓岚及早脱离名利场的意思，当时纪晓岚仅一笑了之。其后因"颠蹶忧患盖亦屡"，故在《怡轩老人传》中感叹说："兄之识度亦何可及哉！"

　　不管怎样，聪明人一定要善于随机应变，才能以变求路，以变求生。

>> 打破僵局靠心策

"僵局"是指不知究竟下哪一步棋，该谈哪一句话，该吃哪一口饭。有了僵局，你不能破罐子破摔，需要的是靠心策把它对付过去。封建官场中的士子们没有几个不是畏畏缩缩的，以为自屈自卑苟且偷安是件正常的事！纪晓岚在这种大环境胆敢伸出他那智慧的触须，敢作敢为，有一种敢于打破僵局的心策。

乾嘉时期，表面是中国封建社会的盛世，实际上是封建社会最专制、最封闭的时期，知识分子从人格到灵魂，从心灵到行动，都被封建统治者奴役着。一些文界泰斗式的人物，在政坛上由于经常性的自屈自卑，都变得自私、胆小、庸俗以至于苟且偷安！

纪晓岚如同一只蜗牛，在中世纪封闭坚硬的甲壳中，微微伸探出他智慧的触须；这柔弱的触须，舒展着一个知识分子灵魂的"表面张力"。当然，再正直的臣子也不得不迎合皇帝的虚荣心。

中国汉字，如别的国家和民族的文字一样，当它形成以后，即有一定的稳定性，不能无限制地一批又一批地造出新字。但随着社会的发展，有的字逐渐死亡，也有少数新字补充进来。所以自古至今的字典，收字量呈现由少到多，由简到繁的趋势。东汉许慎的《说文解字》收字 9300

多，清代《康熙字典》收字 47000，现代《中华辞海》收字 86000，但不管字典收字多还是少，字的存在是要得到社会认同的。

纪晓岚在造字上也有一件趣事。

事情发生在乾隆南巡的途中。有一天船队驶进一片芦苇荡里，微风吹来，青翠的芦苇起伏翻动，船队就像飘浮在一片碧波之中。乾隆皇帝忍不住伏下身来，用手从船旁拔了一根苇尖。苇尖发出"追儿"的声音，声音清脆悦耳。乾隆皇帝高兴起来，回转身问众大臣："诸位爱卿，可知这草鸣之声当是何字？"说罢，他又拔了一根，又是一声"追儿"，响声十分清亮。

众大臣没有料到皇上会提出这样一个怪问题，因为这苇尖发出的响声，字典里没有模拟这样一种声音的字，知道乾隆皇帝是在寻开心，一时都不知如何对答。

纪晓岚起初听到这清脆悦耳的声音，也觉得有趣，注意到乾隆皇帝拔芦苇尖的姿势。现在乾隆皇帝提出这个拟声字的问题，他也被难住了。

乾隆皇帝见他不说话，便得意地催促道："纪昀，难道你也不知！"

这话着实刺痛了纪晓岚，他想，明明字典上没有这个字，叫我如何回答。如果你一定要我回答，我就造一个吧！

因为汉字传统的造字方法是象形、指事、形声、会意等六书。纪晓岚当时看到乾隆皇帝拔苇尖的姿态，心中突然形成了一个字。于是，他走到乾隆皇帝身旁，一本正经地说道："启禀圣上，这字是这样写法：左边是'提手'，右边上为草头，草在水中，下为土，此字乃成也。"

"何以这样写呢？"乾隆皇帝又问。

"很简单，"纪晓岚说，"水在土上，草生水中，以手'拔'之，'追儿'有声。当年仓颉造字不就是这样造的吗？"这话说得不容反驳，因为当年造字，确系由此而来。但现在字典中又没有这个字，乾隆皇帝知道他在自造字。于是又问道："为何字书中不见此字？"

纪晓岚却不慌不忙地答道："此正是圣上赐福。许慎《说文解字》当初仅收 9300 余字，后因时、因事、因景、因需新造，增字不少，今圣上再造一字，不正是赐福于万民吗？"

字是纪晓岚造的，他又把功劳安在乾隆头上，皇帝听了自然很舒服。所以哈哈大笑说："爱卿真会说话。"

众大臣也都佩服纪晓岚打破僵局的应变本领。

>> 既讨人喜欢，又不失自我

怎样才能既讨人喜欢，又不失自我呢？这是聪明人心知肚明的事。纪晓岚能取宠乾隆皇帝，他有各种本领！古代官场中人，歌功颂德在所难免，这是一种生存的需要，也是谋求发展的必然，但纪晓岚有鲜明的地方，那就是，他知道何为良知，敢问忧患怎消！

乾隆五十五年，是乾隆帝的八十大寿。由于乾隆皇帝感到自己统治五十多年，功勋卓著，加之年逾八旬，五世同堂，所以内心很愿意大搞庆祝活动。实际上，早在乾隆五十二年，他就指派阿桂、和、刘墉等人组成了筹备班子，开始筹备庆典活动。有此一种表示，臣下谁不明白皇上的心思？所以，尽管乾隆皇帝面对当时各地灾荒不断的现实，一再要求内外臣工务必节俭，"虽席豫而履丰，恒戒奢而示俭"，事实却正好相反，有一个当时亲历其事的朝鲜使节成种仁就向他的国王报告说：

今年万寿节，伊犁、乌鲁木齐两处官员二百七十余人等，请建万寿亭经坛，要伸祝禧之悃。皇帝谓以设法邀恩，特旨禁抑……只许王公大臣称庆之请。阿桂、和、福长安、金简等总理称庆事务。皇帝虽令节省，而群下奉行，务极侈大，内外宫殿、大小仪物无不新办。自燕京至圆明园，楼台饰以金珠翡翠，假山亦设寺院人物，动其机栝，则门窗开合，人物活动，营办之资无虑数万万，而一毫不费官帑，外而列省三品以上大员俱有进献，内而各部院堂官悉捐米俸，又以两淮盐院所纳四百万金助之。

纪晓岚作为礼部尚书，但是他没有担任庆典筹备大臣，这主要是大典以大学士领衔筹备，以示尊崇。但纪晓岚无疑是一个主要参与者。四至八月，有恩科考试，表彰全国长寿老人所谓的人瑞活动，期间就连他最亲的四婶去世，他也没有奔丧，只派了儿媳妇前去祭奠。

为了讨得皇上的欢心，此间纪晓岚还写下了大量歌功颂德、逢迎阿谀的文字，在那篇"祈增舜寿"的《祝盛茂典记》中，骈四骊文，洋洋洒洒，气势辉煌全面歌颂了这位临御五十五年的皇帝的文治武功，文中的乾隆皇帝简直是功盖三皇，德高五帝，不逊尧舜，千古以来第一名英明伟大的皇帝。试看其中几句：

"乾元各正，虽溥育夫寰中；巽命重申，再加施于格外。更于颁诏之后，命普免天下钱粮。九州成赋，为数原多；一体蠲征，承恩最薄，滋培有素，已两停转粟之舟；敷锡无疆，又四辍催租之吏。膏雨一时而再降，九谷增蕃；福星每岁而移躔，三年遍到。固宜尧封禹甸，人人后舞而前歌；兼使戎索变疆，处处怀仁而慕义焉。"

乾隆皇帝看了这篇祝颂文章，在众多的颂扬文字中，显然最为华美，当然十分满意，飘飘然几列仙班。

偏偏在这年十一月，内阁学士尹壮图不识时务，却提出另一种意见，发出另一种声音。

尹壮图，字楚珍，云南昆明人。乾隆三十一年进士。乾隆三十九年考选江南道御史，三迁至内阁学士兼礼部侍郎。

尹壮图就乾隆对犯有过失的各省督抚，实行罚银代罪而不加以行政处罚的做法提出异议。他认为，这一措施不但没有收到整饬吏治的效果，反而助长了贪污之风。因为受罚的官员，如果有贪赃的行为，会变本加厉地贪婪以完纳罚罪之银。而清廉的官吏也往往因无力缴纳银项，接受属员的资助，再遇属员贪纵时，便不敢认真查办。他说："是罚银虽严，不唯无以动其愧惧之心，且潜生其玩易之念，请永远停止此例。"

对于尹壮图此奏，乾隆起初没有表示反对意见，只令尹壮图具实复奏。然而，当尹壮图再次上疏奏称："各省督抚声名狼藉，吏治废弛。臣经过地方，体察官吏贤否，商民半皆蹙额兴叹。各省风气，大抵皆然"，地方亏空甚多时，乾隆竟然大为恼火。他认为，各省商民蹙额兴叹，"竟似居今之世，民不堪命"。

因为按尹壮图所奏，等于指责了皇帝的英明和他所缔造的帝国盛业。这是对他统治五十五年的否定，是对皇帝自尊心的极大伤害。尹壮图不小心碰上了逆鳞。乾隆指责尹壮图以"莠言乱政"。他说："小民等爱憎之口，或因吏胥侵扰，或因偶挟微嫌，间有一二人怨其守令，亦属事所难免。若谓普天之下民不堪命，竟至疾首蹙额，互相告语，怨及朕躬，则断断无此情理。"他让尹壮图指出"蹙额兴叹者"为何人？在何处？并让侍郎庆成偕尹壮图到直隶、山东、江南各省盘查仓库。

乾隆非常清楚，尹壮图所说的"吏治废弛"，府库亏空，并非子虚之言。乾隆五十一年，他曾派阿桂、曹文埴等至浙江省，就是为查办地方上的府库亏空案。而这种亏空，不独浙江，几乎遍及全国，仅云南一省的亏空额这年就达一百万。乾隆也承认发生在三年前的台湾林爽文起义，"皆由地方侵贪激变"。

　　尽管如此，乾隆却不愿由他的臣下戳穿这一事实。强烈的自尊心，加上晚年的自负，使他十分顾忌自己的完美形象，他只能邀誉，而不能半点受责。为了证明尹壮图所言实属诬词，他拒绝尹壮图"密往访查"的要求。在尹壮图每到一处之前，先五百里通知地方官，而且明确降旨声称，令尹壮图到地方盘查，是欲治其以"莠言乱政"之罪，"若所盘查仓库毫无亏缺，则是尹壮图以捕风捉影之谈为沽名钓誉之举，不但污地方官以贪污之罪，并将天下亿兆民人感戴真诚全为泯没。而朕五十五年以来子惠元元之实政实心，几等于暴敛横征之世"。

　　乾隆为堵住尹壮图之口，竟到了不顾事实、不择手段的地步了。而公开降谕要治奉命查访地方府库的大臣之罪，不啻等于告诉地方官不要给尹壮图留有口实。

　　地方官自然心领神会，在尹壮图未到之先，即"设法挪移，弥缝掩饰，遂致尹壮图陈奏不实"。

　　尹壮图在查无实据的情况下，只好违心地上疏乾隆，自认虚诞，奏请治罪。乾隆又就他"逞意妄言"，再次指责他说："使小民等受我朝百数十年深仁厚泽，尊亲爱戴之忱，尽行泯没，竟将熙之民，诬为朝不谋夕之状，则莠言乱政，其罪实无可解。"为此，乾隆下令将尹壮图革职留任，以示惩戒。

　　军机大臣和，看有机可乘，便使出了撒手锏，奏请将尹壮图拟斩！在此情况下，纪晓岚终于按捺不住，上书乾隆皇帝：

　　圣上所言极是，观古来帝王，无恩何以饶民？无威何以治国？圣上审时度势，宽严相济，恩威并用，实古来帝王所不能比。以臣观之，军机处拟斩尹壮图，量刑过当，皇上定然知晓，断不会准其所奏。尹壮图之案，皇上已通谕内外，群臣皆翘首观望。皇上若准了处斩，恐惹群下猜测，滥传谣言。不如宽大赦免，臣等更感万岁宽宏大度。那些意存不规之辈，自会小心翼翼，莫敢以身试法。臣唯有勉竭樗材，益深葵向，遵敷言于皇极；心存精白，无稍杂以二三。恭谢天恩，伏祈睿鉴。

纪晓岚说完，再次施礼叩拜。乾隆皇帝在尹壮图一案，本来就是感情用事，自己也感到有些过头，经纪晓岚这一阵吹捧，反倒不忍心拿尹壮图开刀了。于是说道："朕依爱卿所说，免去尹壮图死罪。"

果然，皇上驳回军机大臣和等人的奏请，仅予降级了事。但羞辱是免不了的：其母年高无人照顾，而他却留恋官位，又挟妾居京贪图享受，似此不孝之人何以做忠臣？迫使尹壮图自请回家。

纪晓岚与尹壮图的父亲尹均（字松林）为甲戌同年，同入词馆，又同以朴拙立朝。壮图继入词馆，又常以所作诗赋请教于纪晓岚，交谊亦甚笃。此案虽没明显涉及纪晓岚，但株连之惧又着实使他捏了一把冷汗。

直到嘉庆四年正月，嘉庆帝亲政后出于开言路的需要，决定起用这位直臣：尹壮图当年所奏事"虽查无实据，而所奏实非无因，似此敢言之臣，亟宜录用"。让传尹壮图速来京。可当尹壮图到京后又戳了嘉庆的痛处。结果，嘉庆帝仍以尹壮图需要照顾老母为名打发回家：母年逾八十，家在云南，既难迎养，若留其在京，势必使其母子万里相隔，于心不忍，著给给事中衔回籍侍候老母。

纪晓岚对尹壮图以直颜抗疏而仕途坎坷深为同情，对乾隆、嘉庆父子的所为表示了有限的不满，故于嘉庆四年为即将回家的尹壮图做了一篇《尹太夫人八十寿序》，此篇寿文深得"春秋笔法"，是纪晓岚"偶尔露峥嵘"时的一篇佳作。文中提及：

内阁学士尹壮图改任礼部主事，高宗纯皇帝恩准他归家赡养母亲，因为尹太夫人年纪已经七十多岁了。嘉庆四年，皇上征召先生来京师，以备条陈时政大事，仍因太夫人年事已高，加给事中官衔，让他归家赡养母亲，而且特赐装奏折的匣子，准许他乘驿奏事，一时间士大夫无不羡慕其宠荣……尹先生先前归里为父亲守孝时，即亲自护送太夫人回到家乡，完孝返回北京，即打算请假回家赡养母亲，太夫人却反对说："你父子二人连受皇上圣恩，不可不报答。如果说是我已年老，可我身体确实很强健。如果说京师离家乡遥远，不便往来，我自己会往来，也不过是三四个月程即可到达，并非必定不能往返。"尹君俯首恭听不敢回答，然而始终不准备行李。在太夫人督促再三的情况下，尹君捧出一书简说：我做官以来，每见地方官所为，有许多不能令人满意的地方，自己不说出来，总觉不安；如奏报皇上，则是书生一孔之见，未必都符合世务，或许还会令太夫人担心，所以宁可不离家去做官啊。当时太夫人正坐在一茶几旁，仔细看过书简，振衣站起说：我儿能上奏此情，即使遭受大祸，我也不遗憾，就是连我一起受祸我也不遗憾。我儿且去吧，从今以后，你可将我置之度外，我也把你置之度外，都没有什么牵挂。尹君因此能够毅然抗颜上疏，原因就在于此。士大夫间有人私下为尹君不为母亲考虑惋惜的，他们岂知尹君的苦心，又岂知尹太夫人的用心呢！现今尹太夫人耳目聪明，身体强健不衰，上受皇上格外之恩荣，下受子孙的孝养，大概是因为能以女流之身，而有士君子之行，因有德而获福荣，本是理所应当的吧。

两个皇上表面做法不同，但实质上都不欣赏尹壮图，都以尹壮图需养母为借口。所以纪晓岚在寿序中表面上歌颂皇上的恩赐，而开头即写出养母问题，随即介绍了尹壮图上书、来京的前前后后，看似表彰尹太夫人的大义，即忠孝不能两全时移孝作忠，实际上是对乾隆父子讥讽：这样的忠臣，这样的忠臣之母，皇帝却不能接纳他，实在是另有原因。

　　这说明此时的乾隆已站到了专制统治的权力之巅上，高高在上，独断专行。他既不了解下情，又骄愎自用。在阻塞言路的情况下，自然会形成奸佞弄权当道，却又失之察觉的政局。而自曹锡宝、尹壮图相继受谴去职，乾隆便再也听不见任何反对意见了，满朝文武皆缄口不言事。不但言官再无建白，督抚以唯命是从为上，即像阿桂这样的宠信大臣，也须对乾隆做出心悦诚服的样子，随时歌功颂德，表明忠君的心迹。纪晓岚为大清帝国感到忧虑。

≫ 智慧就让它露出一点来

智慧是成功的保证，缺乏智慧者，一辈子都是个"小工"；纪晓岚以才智闯天下，总能在关键时刻露出一点来，这样就很有吸引人的魅力。

乾隆当政时期，纪晓岚一般处事都不敢太激进，毕竟是饱学之士，且深知宫廷禁规，唯有一次，就是在内禅大典中，他突显果断耿直，而且把事情处理得十分圆满。

乾隆皇帝在纪晓岚等拟定的禅让大典折上，具体批示要简朴、隆重。纪晓岚这位饱学之士，虽然参考了历代典籍，但这方面的记载很缺乏。虽然乾隆朱批要简朴，但跟随他几十年的纪晓岚何尝不知乾隆帝的简朴是假，隆重是真呢。更何况，乾隆的功绩必须由这最后一次政治大典突显出来。于是，经过与乾隆帝长达三个月的讨论，修论几十次拟定的禅让大典最后朱批允行。

这是一个冷得出奇的日子。

紫禁城里金碧辉煌、宏伟壮观的太和殿前，朝服灿然、翎顶争辉的王公百官早已整整齐齐地分班恭立在广场的御道两旁，朝鲜、安南、暹罗等各国使臣尾随品级最低的官员，分列班末。他们的周围，照例陈设着天子行幸于皇城的仪仗——銮驾卤簿，乐部在太和殿东西两檐下布置好了中和韶乐的庞大乐队，丹陛大乐的乐队则安排在太和门内。太阳渐渐升高了，阳光弥漫了整个广场，给浑身瑟缩着的人们带来了一点暖意。一直在不停躁动着的"仗马"和"驯象"也安静下来，排成了笔直的行列。只听乾清门外钦天监的官员朗声高唱："吉时已到——"，顿时午门上钟鼓齐鸣。乾隆皇帝60年前向上天许下的归政嗣子的心愿终于开始实现了。

那天，乾隆皇帝身着明黄色龙袍乘一顶黄屋小轿出乾清宫，迤逦南行，皇太子琰仍穿亲王朝服步行于乘舆之后，经过保和殿，来到了太和殿前。此时，钟、鼓、磬、琴、笛、笙等齐奏庄严肃穆的中和韶乐，歌工们则高唱专备皇帝升座时用的《元年之章》：

维天眷我皇，四海升平泰运昌。岁首肇三阳，万国朝正拜帝阙。云物奏喜祥，乘鸾辂，建太常。时和化日长，重九洋，尽梯航。

这歌词是54年前皇帝亲自改定的，此刻听来，感到特别贴切，乾隆皇帝心情因此格外开朗。他缓步走到太和殿正中高高在上的宝座脚下，步履略显艰难，但仍气势非凡。随扈在旁的大学士和有意扶掖一下，被皇帝挥手制止了。皇帝不愿臣下看出他老态龙钟的样子，于是自己慢慢走上阶梯，目不旁视地端坐在宽大的宝座中间。

皇帝头戴红绒结顶的玄狐暖帽，除了顶上缀有一颗巨大的东珠之外，并没有其他饰物。他仍然像中年、壮年时那样，留着小须髯，但昔日那白皙清瘦的面容已变得暗红臃肿，身体也早就发福了，幸好皇帝原本身材修长，现在看起来，倒显得魁梧硕健。他毕竟86岁高龄了，岁月的流逝在他的体貌上刻下了衰老的痕迹。如果说有什么没有变的话，就是他那炯炯有神的双眼，此时仍然在慈祥中透出凛人的威严。

中和韶乐《元平之章》在皇帝就座之时，恰好中止。丹陛大乐随之而作，这次特为授受大典时皇太子率王公百官跪拜而填写了《庆平之章》新词。随着徐缓悠扬的歌声："御宇六旬，九有浃深仁——。勋华一家福臻，岁万又万颂大椿——。文武圣神，帝夏皇春——。"太和殿内外黑压压的一片人群三落三起，向高踞在上的乾隆皇帝行完了三跪九叩首大礼。

丹陛大乐的余音还在广场上空回荡，年高德韶的阿桂与朝中第一权臣和珅引导皇太子款款走到皇帝御座之前跪下，阿桂回身请出皇帝玉玺，跪奉皇帝，酝酿了 60 年之久的传位大典即将拉开最后的也是最激动人心的一幕。只见乾隆皇帝手捧皇帝玉玺，端详良久，然后身体微微前俯，庄重地、虔诚地将国家最高权力的象征——皇帝玉玺授给了跪在脚下的皇太子颙琰。就在这历史的瞬间，皇太子正式取得皇帝名号，他至少在表面上成了紫禁城和全国的主人，而乾隆皇帝则退居太上皇帝，他把爱新觉罗家族和大清帝国的命运托付给了自己最信任的一个儿子。此刻，太上皇帝俯视跪伏在自己脚下的子皇帝，胸中再次涌起了身为"千古第一完人"的无限快感。

"太上皇"一称是由中国历史上确定"皇帝"名号的秦始皇首创的，他追尊自己的"父亲"庄襄王为太上皇。那是死后的追赠，自然不足与自己比拟，太上皇帝心里这样想。汉高祖刘邦虽然尊称在生父亲太公为太上皇，那不过是做儿子的施给其父的荣光。至于后来唐高祖因太宗兄弟阋于墙，唐睿宗怵于武德殷鉴，唐玄宗仓皇入蜀——他们都是为其子所逼，不得不放弃帝位，做一个毫无实权的太上皇而已。宋高宗则外慑强邻，内耽逸豫，则更不足挂齿。三代以下如此，那么，远古时期的禅让呢？太上皇心里也不以为然。唐尧、虞舜禅授贤能固然足称盛事，但授受者，都不是一家父子，只能称之为"外禅"。就禅让而言，太上皇有充分理由认为，眼前的授受大典，"不特三代以下所未有，以视尧舜，不啻过之"。

的确，清嘉庆元年正月初一日在北京紫禁城内太和殿举行的帝位禅让大典，无论在形式上，还是实质上，都堪称中国古代交接国家最高权力的空前完美的典范。

归政盛典为乾隆皇帝树立起了又一座，也是最后一座政治丰碑。乾隆想到这儿，心中就不由得感到异常振奋，几千年来，又有哪个"太上皇"能与自己比风骚，想起"千古第一完人"的美誉，乾隆不由得喜笑颜开。

典礼的前半部分进展得比较顺利，而后半部分即位大典却出现了一个不小的波折。当皇太子琰率诸王公大臣恭贺乾隆皇帝为太上皇礼毕，并率诸王、大臣恭送乾隆皇帝为太上皇回宫安歇，琰强抑着满心的激动准备登上帝王宝座，礼官纪晓岚正要司仪王公、大臣分班朝贺时，坐在宝座上的琰突然制止："慢！"

司礼官纪晓岚赶忙上前，不知出了何事，一问，脸上刷地失去了血色。

御案上的传国玉玺不见了。

群臣一下子都直了眼。

大宝适才就在御案上，那是个除了皇上没人能去的地方，现在忽然不翼而飞，肯定是让乾隆皇帝带走了。没有大宝还朝贺什么，还算什么内禅大典呢？群臣你看我，我看你，谁也没办法。琰更是急得直搓手，说不出一句话，他又能说什么，他又敢说什么呢？大殿上寂无声息。

纪晓岚作为礼官，一切都是按他拟定的安排进行的。可他哪里想到乾隆皇帝会来这一手，内禅大典失败，他怎么交代？

刘墉突然开口道："自古以来，不曾有无大宝之天子，我刘墉愿即刻往见太上皇，请稍候！"

纪晓岚随着跟出大殿，同刘墉一起来到养心殿："臣等叩见太上皇万岁万万岁！"

乾隆皇帝带回大宝，心里也颇为不安，毕竟自己这么做也有所不妥，见刘墉、纪晓岚追进来，却故作惊讶地问道："你们怎么来了？太子登位，朝贺事毕了吗？"

纪晓岚立即回答说："回皇上，诸臣尚未朝贺。"

乾隆皇帝仍装糊涂地问道："这是为何呀？"

刘墉是急性子，见乾隆皇帝仍装糊涂，便直截了当地说："回皇上，自古以来，天子临政当有大宝在身，陛下传禅不予大宝，百官朝贺，贺出无名！"

乾隆皇帝见话已至此，便说道："大宝暂由朕掌，又有何妨呢？"

纪晓岚见事情要出现僵局，便赶紧给乾隆找台阶下，说："臣查阅古今，无传禅不传大宝之事。陛下向来尊崇古典圣训，今日之事，臣思其罪在臣，未能将历朝载记一一列举奏明于陛下。"

不料乾隆皇帝并不吃这一套，毅然说道："此事，和爱卿曾奏请再三，朕也是思想过了的，如今，朕躬尚健，社稷一时放心不下，待朕精力不及之时，再传大宝就是。"

刘墉心想，这样不痛不痒的要来要去，他是不会交出大宝的，干脆一语道破，于是道："陛下恕臣直言。臣以为陛下传大宝，并不妨碍陛下心系社稷。如果陛下以念天下社稷为由，传禅而不予大宝，天下臣民必有他说，会说陛下念社稷是假，而恋天位是真。"

乾隆皇帝向来标榜自己以天下之心为心，以天下之念为念，听到刘墉这番话，心上不免一震，捻着胡须思索有顷，道："太子会这样想吗？"说完他又目盯着两人，目光透出威严和几分疑惑。

刘墉、纪晓岚同声道："太子做何思想臣等不知，臣等确实是这样想的。"

乾隆皇帝不由得捻着胡须，默然不语。

纪晓岚见事有转机的可能，便又唱起红脸，说："臣思，陛下乃太上皇，日后太子一切都会听从陛下，望陛下不必多虑。"

刘墉也不断给乾隆施压："如今百官皆于大殿等待大宝，请陛下速做明断。"

乾隆皇帝思来想去，觉得自己的心思已被识破，况且，不交出大宝即位大典不能进行，当然会被天下臣民说三道四。他后悔自己做了一件傻事，哀叹一声道："朕只是不放心社稷，不想惹出如此误解，既如此，二位爱卿就把大宝取走吧！"

大宝是皇上随身携带之物，现在乾隆皇帝把大宝带回了养心殿，刘墉、纪晓岚却是吓死也不敢去摸一摸。

还是纪晓岚来得快，道："陛下，臣以为60年来，大宝无一时离陛下之身，今陛下随手将大宝带回，实属情理之中。今陛下传禅，如将大宝亲授太子之手，一定会成为千古美谈的！"

乾隆皇帝一听，觉得这是最体面不过的台阶了，连连称"好"。这老家伙不由得又喜笑颜开。

纪晓岚先一步回到太和殿，新加"传授大宝"一项。琰按纪晓岚安排，迎于太和殿外，待乾隆皇帝至前，大礼叩拜。之后，父子携手来到御座前，纪晓岚一声"传授大宝！"礼乐齐奏，琰再跪，乾隆皇帝手捧传国玉玺，放到琰高过头顶的两只手上。事毕，乾隆皇帝复出殿回宫，琰接受诸王与百官朝贺，欢呼之声，久久不绝。

从史料记载来看，当时的禅让大典确实发生过波折。曾亲临大典盛况的朝鲜使者次年给其国君的报告中就说"去年传禅时，临当受贺，高皇帝不肯与大宝，刘墉等谏曰：古今安有无大宝之太子？遂即入奏高宗曰：陛下能无系恋天位之心，则传禅可已。传禅而不予大宝，则天下闻之，谓陛下何如？半日力争，卒得大宝而出，始行贺礼。故今皇帝以定册元老待之。"此类丑闻，当朝人自然不愿也不敢如实记载，对朝鲜人来说自然没有什么顾虑，所以其说可信。不过，从此次波折看来，纪晓岚尽管在乾隆面前"忠"字第一，却不失为"一代谏臣"之称，关键时候显露果断和耿直。

玖 敢变与心赢

不能更改的事情就别再想它

- 做事当有一种敢变之势，让自己始终处于有利地位。当然，这需要对周围变化不失精准观察，不必求表面之赢，而以心赢为最佳。
- 张之洞对于必然失去的东西，常能立即改变对策，不去过多地纠缠它，又及时回到"心赢法则"上，修炼自身地做人境界。

>> 必须学会躲闪之功

　　讲到躲闪之功，令人想到武打片中高手较量的镜头。其实何止是武打片如此，在动物世界中狼与狐狸也是这样。狐狸为了保全性命，或争得一口食，必须躲闪狼的攻击。动物如此，人更如此，更是需要躲闪之功，才能与对手周旋，击败对手。张之洞不怕与任何人周旋，因为他有自己的一套巧妙躲闪功夫。

　　作为清流人物，张之洞为了济世，努力仕进。为了达到目的，他努力接近顽固派，追随权臣李鸿藻，作为自己的靠山，周旋于各种权力的纷争中，有不得已而为之的事，这也是一种安身之道。1876年，军机大臣文祥去世，沈桂芬地位上升，李鸿藻不甘受制于人，决意排挤沈桂芬出军机。在李鸿藻的支持下，张之洞、张佩纶等一再攻击沈桂芬。张之洞说："吴江（沈桂芬）昏谬私曲，既无公事之法，又不实修战备，调将帅，筹军火，筹借饷百方阻止，唯其心必欲使大局败坏而后已。"张佩纶则攻击说："吴江势焰愈张，中国危端立至。"慈禧听信了他们的话，拟将沈桂芬外放为贵州巡抚，后来虽未成事实，却严重地动摇了沈桂芬在军机处的地位。沈桂芬是该指责的，但张之洞等人对他的抨击自然包括了派系倾轧的因素。时人指责张之洞"以谏书为捷径，鼓扇浮薄，渐成门户"。又说"张之洞佥壬首祸，李鸿藻要结取名，遂使奸人小夫为捷径"。这样的批评，不是没有道理的。同时，张之洞为了开拓政海仕进之途，又十分注意处事的圆通，主张"无台无阁，无湘无淮，无和无战"，"相忍为国"。这就说明他善于察言观色，极力迎合慈禧的需要，博取各方面的好感。如前所述，他坚持反对崇厚签订的《里瓦几亚条约》，要求杀崇厚以谢天下，并对李鸿章等妥协派做了无情的揭露。但当他看到朝廷决意宽免崇厚时，就主张"当病而止，而不为太过"，上疏建议让"崇厚戴罪自效"。曾被他屡加斥责的李鸿章，忽而又说成是"精力犹壮，倘专其责成，当可力图御侮"的"高勋重寄"之名臣了。为了获得朝廷的信任，他学会了一套揣摩清王朝最高统治者意向，看慈禧眼色行事的本领。1879年，同治皇帝棺椁移葬陵墓，吏部主事吴可读以死谏争确定大统。上疏斥责慈禧不为载淳立嗣，是擅改祖制，贪握政权。慈禧大为震怒，下令立斩吴可读。但吴视死如归，自备棺材在宫门外等待处死。而素敢大言，熟知儒家精义和祖宗之法的张之洞明知慈禧理屈，却对慈禧的决定没有抵制、反对。为此连张佩纶都讥讽他"主兼祧而又恐涉于趋时"。1880年，张之洞与陈宝琛上疏抗争"裁抑阉官"一案时，张之洞亦认为"唯均只可称引祖制，泛论裁抑宦寺，俾太后自悟，万勿直疏本题发挥，恐后激怒"。只敢顺着慈禧的意旨上疏言事，不敢稍有出格，有所拂逆。在他的奏疏里也不乏"媚事孝钦、称颂唯恐不美"的谀辞。张之洞的这些躲闪智慧，都是自有道理的。他的这种立身处事态度，除个人性格上的弱点外，同他当时的政治地位有关。倘若他自不量力，不顺着上面的意志行事，随时会有不测之祸。

》任何时候，都要把锋芒藏起来

　　锋芒是非常扎眼的，常让许多人心理上受不了。有人毕露锋芒，弘扬自己，显能耐、显力气、显块头，这种人并不一定是最后的胜利者，相反，有人则掩饰自己，如把自己藏在一个神不知鬼不觉的地方，使出十八般武艺，不让人知自己之所思之所在，结果往往能一举成功。此可谓沉着老练。也许你不相信做人越沉着，就越老练，这意味着你还太嫩，还不知露锋芒之害。张之洞的锋芒都是藏在自己明白的地方。

　　维新运动刚刚兴起，张之洞就对之持积极赞成的态度。光绪二十一年（1895年）七月初，康有为主使，帝党要员、翰林院侍读学士文廷式出面组织的维新派重要政治团体"强学会"在北京成立，陈炽、丁立钧、张孝谦、沈曾植为总董，以张孝谦主其事。张之洞的儿子仁权其时以举人身份在京供职，亦为强学会的"发始人"之一。不久，康有为离京南下，运动暂署两江的张之洞，成立上海强学会。康有为做《强学会序》，申述学会宗旨：

　　天下之变，岌岌哉！夫挽世变在人才，成人才在学术，讲学术在合群，累合什百之群，不如累合千万之群，其成就尤速，转移尤巨也……顷士大夫创立强学会于京师，以讲中国自强之学。风雨杂沓，朝士鳞萃，尚虑未能布衍于海内。于是江海散佚，山林耆旧，盍簪聚讲求，如汉之汝南，唐之东都，宋之洛阳，为士大夫所趋集者，今为上海，乃群天下之图书器物，群天下之通人学士相与讲焉。

对于这样一个政治改革色彩极为强烈的团体，京、沪两地的达官显贵、硕学鸿儒，一时纷纷"趋之若鹜"。列名会籍，参与会务，或对之表示支持者，有杨锐、袁世凯、徐世昌、汪大燮、翁同龢、孙家鼐、李鸿藻、张荫桓、王文韶、张謇、汪康年、黄遵宪、陈三立、陈宝琛、李佳白、李提摩太等。他们当中既有中枢权要、封疆大员，又有军事将领、清流谏臣，还有外籍教士。成分如此驳杂，动机当然不可能一律。张之洞慷慨解囊，捐银五千两以助会资，有多方面的考虑。

首先，在不满现状、期待改革方面，他思想上与维新派有诸多相通之处。这一年闰五月二十七日，张之洞于两江总督任内上《吁请修备诸才折》，其内容除不包括设立议院外，与康有为几次上书的建策基本吻合。奏折也提出拒和、迁都、练陆海军、造铁路、开学堂、讲商务、求工政等等主张。张之洞同样打出"变法"旗号："凡我普天臣庶，遭此非常变局，忧愤同心，正可变通陈法，以图久大，不泥古而薄今，力变从前积弊，其兴勃焉。又何难雪此大耻。"康有为认为张之洞与自己"窃附同心"，当然不会全是自作多情。

其次，张之洞含辛茹苦创办洋务，却屡屡横招物议，现在他看到维新派有帝党撑腰，势头正旺，也想利用这股新起的力量来襄助自己推行洋务事业。甲午一战，北洋水师全军覆没，李鸿章老本蚀尽，特别是马关签约，国人詈咒，皆曰可杀，声名狼藉。他捐金与强学会，竟被拒之门外。张之洞素与李鸿章有隙，且又挟"湖北新政"之卓著声誉，正可借此阶梯取李而代之，登上洋务巨魁之地位。梁启超曾将洋务大吏曾国藩开制造局、设方言馆、创招商局的诸种举措称为变法事业的"筚路开山"，又称张之洞为"温和改革者"。谭嗣同也认为："今之衮衮诸公，尤能力顾大局，不分畛域，又能通权达度，讲求实际者，要唯张香帅一人。"可见张之洞借助维新派以推进洋务运动，确有一定的现实可行性。

再次，张之洞审时度势，明白自己正处于入参中枢的极好机会。在此关键时刻，倾向鲜明地赞助得到光绪皇帝首肯的维新运动，强化自己的"言新者领袖"形象，必将有助于皇帝立下决断，启用自己主持全国新政。后来光绪帝果然于光绪二十四年（1898年）五月电召张之洞入京陛见，"辅翊新政"。张之洞的政治表态，收到效应。

而在维新派方面，当然也十分希望借助手握实权的方面大员以壮声势，扩大影响，推行变法，尤其是对于张之洞这样时誉正盛的"朝廷柱石"，更是寄予厚望。维新泰斗康有为亲自出马游说张之洞，此事本身即为明证。

由于双方各有所欲，思想上也有某些共同之处，所以在整个变法运动期间，张之洞与维新派首领人物始终保持着联系。

光绪二十一年（1895年）九月，康有为亲赴江宁，盘桓二十余日，劝说张之洞"共开强学，窃图同心"。张对康优礼有加，隔日一谈，每至夜深。康请张之洞出面设立上海强学会，之洞"颇以自任"，慨然应允，并捐银一千五百两作为开办经费。康有为亲撰的《上海强学会序》，张之洞也同意以自己的名义刊布。这都足见其时双方关系相当融洽。但是此次会晤也暴露出双方对"变法"理论的严重分歧。张之洞"平生学术，最恶公羊之学。每与学人言，必力诋之"。在与康有为的商谈中，张之洞再三劝说康放弃秉承今文公羊学而来的"孔子改制"说，但康坚持己见，告以"孔子改制，大道也，岂为一两江总督供养易之哉？若使以供养而易其所学，香涛奚取焉？"上海强学会章程制定后，张之洞"以论学不合背盟，电来嘱勿办"，康有为公然以"会章大行，不能中止"作复。强学会不久即遭杨崇伊弹劾而被封闭。康有为抱怨"江宁（指张之洞）一切不来，处处掣肘，即无杨崇伊之劾，亦必散矣"。

对于维新派中地位仅次于康有为的梁启超（1873—1929年），张之洞曾予以格外的礼遇。光绪二十三年（1897年）一月，因张的邀请，梁启超于广东返沪途中在武昌停留，谒见张之洞。当梁抵达湖广总督督署时，张之洞竟准备以迎接钦差及外国使节的礼仪，开中门及暖阁鸣炮迎之。其部属以"骇听闻对"相阻，张之洞这才作罢。尽管如此，张之洞还是对梁盛情款待，倾心交谈。"是夕即招饮……谈至二更乃散。渠相招之意，欲为两湖时务院长，并在署中办事，以千二百金相待，其词甚殷勤"。梁启超以区区一举人得到二品大员如此器重，大有受宠若惊之感，"恐慌不安，因著笺称弟子"。他极言称颂张之洞："公海内大吏，求其通达西学深见本原者，莫吾师若；求其博综中学精研体要者，尤莫吾师若。"

当然，在优礼有加的背后，张之洞还另有算计。梁启超是举世公认的大才子，"士大夫爱其语言笔札之妙，争礼下之，通都大邑，下至僻壤穷陬，无不知有新会梁公者。"若能将梁挽留幕府，"入我范围，以供驱使"，借其生花妙笔为己鼓吹，岂非为虎附翼？但是精明如梁启超者，当然不会就范。

戊戌政变以后，康、梁亡命日本，张之洞却保住了原有地位，并日显上升之势，双方关系终致决裂。

>> 不强行逼近，才不惹人眼

人生是一个复杂的过程，而不是一条简单的直线，这就需要你在各种复杂的环境中不要强行逼近，而要善退。进则败，退则胜。这方面的成功事例不少。张之洞的人生进退之所在，就是这样，所以他才能在更多场合游刃有余。

张之洞不愧一代能臣，工于心计，精于权变，善于转圜。对于仕途坎坷、官场倾轧之种种机关，可谓尽得其钥。唯其如此，他才能驾驶人生之舟，于艰险莫测的宦海沉浮中，乘风破浪，直挂云帆。

张之洞早年入清流，议论风发，锋芒毕露，已对朝中权贵，多有触怒。外放疆吏后，大事兴革，"务宏大，不问费多寡。爱才好客，名流文士争趋之"。更难免遭宿怨物议。光绪十九年（1893年），大理寺卿徐致祥参劾张之洞于两广总督任内，"兴居无节，号令不时，任用宵小，恣意挥霍"。朝廷谕令刘坤一、李翰章确查具奏。刘、李据实禀报，为张之洞辩诬，"并无懒见僚属，用人不公，兴居无节，苛罚滥用等情"。光绪二十一年（1895年），又有人奏劾张之洞于暂署两江总督时，藉筹措军资办理捐借之名，于省城苏州"拦户编查，横搜大索"。这次张之洞为己申辩：

　　臣虽为外吏，本系迂儒，深知固结民心乃可捍御外患，且到任未久，无德及人，纵无干誉之心，亦岂肯故为敛怨之事。若谓臣过于拘泥矜慎，不能猝筹巨款则诚有之，若谓肆意苛求，似与臣用意正为相反。原奏所云各节，何以讹传力诋至于如此之甚，臣实未解其故。

　　虽云"未解其故"，但张之洞内心明白，谦恭谨微，慎独修行，乃是避除嫌疑，驳斥物议的最好方法。

　　"诸葛一生唯谨慎。"张之洞于此，亦时时警觉，未敢稍有差错。光绪三十三年（1907年）五月，协办大学士、军机大臣瞿鸿禨与庆亲王奕劻有隙，被遣放归里。两日后，张之洞补任协办大学士。瞿"持躬清刻，以儒臣骤登政地，锐于任事"，与张之洞私谊甚笃。瞿鸿禨既获遣，返归故里湖南善化。途经夏口，欲渡江访张之洞，张之洞曰："是实朋党之说也，必不可。"乃乘舟舶于江心，置酒话旧而别。

　　精于审时度势，以为进退之据；因时因地制宜，以为行事之规；灵活变通，立于不败，是张之洞治术的过人之处。他在《连珠诗之十六》中，将此概括为"度德为进退，相时为行藏"。戊戌变法时，他与维新派保持一种若即若离的关系，并做《劝学篇》，预留后路。而一旦慈禧太后发动政变，囚禁光绪，缉捕康、梁，他又马上摆出与维新派势不两立的姿态。其他与维新派有瓜葛者均获咎，而他却安然无恙。庚子年间，他看准慈禧太后虽然对列强"宣战"，但骨子里根本不敢与各国对抗到底，所以才出面策划"东南互保"，拒绝出兵"勤王"，并对英国挑动长江流域"独立"的企图不予公开抵制，静观事态发展。而一旦他发现列强并不急于抛弃慈禧集团另立傀儡时，立即改变对慈禧的态度，派员向

"移驾"西安的慈禧恭请圣安，并进方物，又调拨湖北枪炮厂生产的毛瑟快枪三千支，大炮十六尊等大批军火，解赴陕西，以供"勤王"之需。对于"自立军"，在各方力量对比不明时，张之洞表面听之任之，不做干预，而当北方局势趋于缓和，英国方面对自立军不再感兴趣之时，他立即以快刀斩乱麻之势，将"自立军"全部首脑人物一网打尽，迅即处决，以取悦朝廷。凡举种种，都显现出张之洞干练老辣的治术，已达炉火纯青的水平。

》 万万不可没有好人缘

　　没有人缘，你能干成什么事？恐怕很难！因此，聪明人总把好人缘视为一块宝。尤其人与人之间越是相互挤压，就越可以磨炼人的意志，越懂得好人缘的重要，张之洞是在各种挤压中成熟起来的人，因而他非常精通挤压与生存之道，尽可能巧结人缘。

　　1884年5月22日，清廷谕令张之洞署两广总督，张之洞可谓是受命于危难之中。6月初，张之洞经天津乘轮船，途经上海，前往广东。沿着万里海疆，轮船航行20多天，7月8日抵达广州。10多天后，前任两广总督张树声移交了官防印信。张之洞不及稍事休息，便立即着手处理紧张而繁多的备战事务。他询访同僚，了解战情；核算军费，计划购需；考察地形，巡视炮台；激励将士，劝督团练。他在给友人的一封信中回忆督粤后所遇到的种种困难："到广之日，即逢海警，内防外援，应接不暇，兵食兼筹，无一不难。事机则非常之紧急，而我之人力物力文法习气，则无不患非常之疲缓。"为了筹备战守事宜，他数月以来食不甘味，夜不安席，全力以赴地开展各方面的工作。

　　而在当时情况下，要想做好防务工作，协调好粤省各方大员和军队的关系是当务之急。当时存在着满汉矛盾、湘淮矛盾、主客矛盾，而这些矛盾中最主要的则是"振雪不和",即张树声与彭玉麟之间的矛盾。自"同治中兴"以来,清朝的主要军队为湘、淮军,两军素有门户之见。钦差大臣、兵部尚书彭玉麟与前任两广总督张树声分别是湘、淮军的著名战将。朝廷调彭玉麟入广东的直接原因,正是认为张树声办理军务不善。张树声还曾经阻止彭来广州,所以两人关系紧张早已众所周知。

张之洞在奉命接署两督时,即致函彭玉麟,对他称颂备至,夸他以往屡辞高官不就,隐身江湖,过着逍遥闲逸的生活,可是一旦时局危难,他立刻挺身而出,丝毫也不计较职位的高低、权力的大小,精神矍铄地奉诏率军来到海防前线,从此南方边防多了一道可以凭倚的万里长城。还赞扬他不但勇敢无畏,更是胸怀韬略。在信中张之洞还对彭玉麟倚重有加,说自己来到南海,想让国防前线固若金汤,还必须依靠他的言传身教,希望他能传授机宜,在一些重大决策上帮助自己做出裁断,并表示在某天一定前往拜访,亲耳聆听指教,不胜感激,等等。彭玉麟看了信后自然很高兴,对张之洞当然是倍加信任了。

张之洞笼络住了彭玉麟,就又开始安抚张树声了,这可是一个棘手的问题,因为张树声对张之洞的到来是心怀疑忌的。且不说张之洞对淮系总头目李鸿章"和戎外交"的不时抨击,就说这次吧,本来李鸿藻、张之洞、张佩纶大力保荐的云南巡抚唐炯、广西巡抚徐延旭临阵畏敌,弃战逃跑,造成了越北山西、北宁失守的败局,对这事张之洞是有一定责任的,更何况唐、徐都是与张之洞沾亲带故的人物呢——唐炯是张之洞已故唐夫人的弟弟,徐延旭是张之洞姐夫鹿传霖的儿女亲家,这就是说按照常理,张之洞是脱不了干系的。但是出人意料的是张之洞不仅没受到处分,朝廷反而以张树声办理防务不善为借口,令张之洞取代他成为两广总督,但又不将张树声调离广州,仍令他参与军务,明显有贬黜之意。张树声自然心中不快。但是张之洞抓住了一个机会，融洽了自己、彭玉麟、张树声三人之间的关系。

事情是这样的：张树声督粤时，有不少人参劾他，说他任情徇私，巧取财物，玩视边防，贻误地方，名不副实，难胜重任……于是朝廷要求彭玉麟、张之洞查清复奏。张之洞知道，张树声虽已革职，但仍有相当势力，原领淮军各部自不待言，即便是各府州县官吏，也多有攀附，值此时危用人之际，不应自毁长城。因此，他在接到谕旨后，经过斟酌，向张树声通报了谕旨及各条参奏内容，准许他声辩。后来又与彭玉麟密谈，想方设法使彭不计前嫌，同意共保张树声，最后两人联名递上了一份"查复张树声参款折"，该折篇幅很长，折中对参劾张树声的各条一一做了答复。在许多方面，张、彭显然在为张树声遮掩。如张树声对彭玉麟"外忌内和"一条，原奏内称：兵端已起之时，张树声畏懦不前，而把彭玉麟推到战争一线，而且只让彭玉麟三千部下中的一千人前往琼州，而把另外的两千人全部留下，张树声把艰巨的任务交给彭玉麟，但是却不给他权力与兵力，这就使得彭玉麟即使是智勇双全，也难以施展身手。对此，张树声辩称：……法越兵端已开，树声两次奏请出关，身当前敌。但是并没有接到谕旨，因此是否畏懦不前，毋庸置辩。上年十二月初四日奉旨："琼州预备空虚，著派彭玉麟迅速前往，择地驻扎等因，钦此。"于是马上与军臣长善、前抚臣裕宽会商，大家都觉得琼州在偏隅，是边防重地，自己身为总督应该坐镇指挥，不能轻易前往，否则会使军心无所依傍，于是大家一致认为派道员王之春等两营赴琼驻防，当时会同彭玉麟致电总署，并有记录记载当时的会奏情况。所以用千人的兵力来防守琼州，其余的兵力留下，并非树声一人之见。

张之洞、彭玉麟也奏称：彭玉麟去年冬天到达广东海防前线之后，所有的筹议诸事，无不和前督商榷。至于出兵千人于琼州，实在是因为军饷不足，不能派更多的将士前往了，真的不是张树声故意牵制。至于身临前敌，挺身而出为国出力，这是每一名将领的分内之事，彭玉麟应当尽心尽力而为之。彭玉麟率兵奉命督办粤防，军中之事，应当自主，不至于遭受张树声的忌妒而被驱遣，这是不言而喻的。

张、彭在奏折中不仅为张树声——做着辩护，而且称赞他，一贯做事谦虚谨慎，久经疆场，一直刻意自爱，在各地为官都是孜孜求治。至于被参原因，都是因为属僚妄生揣测，怀疑他排挤其他将领，由于人们不了解情况，各存成见，吹求附会，于是浮言就多了起来。

张之洞和彭玉麟的做法当然令张树声感激万分，就这样，张之洞抓住这一关键事件，不但消除了张树声对自己的猜忌，而且使张、彭之间的芥蒂顿然消除，三人关系因此融洽起来，张之洞内外调度就顺手多了，从而使广州的防务得以顺利进行。然后，张之洞为了尽量发挥他们的长处，使他们在中法战争中大显身手，特别注意对他二人采取不偏不倚的态度，他请二人分别担任广州防务的两个重要方面，使之能消除隔阂，同心协力，同心对敌。而张树声和彭玉麟也被张之洞的大局观所感动，对其真诚相助。他们三人与广东巡抚倪文蔚反复商议，制定出总体防务规划。当时法军军舰累犯中国领海，对省城广州威胁甚大，所以筹备"省防"则是首要的防务任务。张之洞亲自与彭、倪等文武官员乘小轮船巡视各海口，在险要兵单处，增派兵勇，以策应各炮台。重新加强了珠江口至广州城的海防，具体布防为前、中、西南三路，前路为虎门，距省城 120 里。在虎门内外设六座炮台，由水师提督方耀、湘军将领娄永庆、王永章等负责防守。中路为黄埔，距省城 60 里，由淮军提督吴宏洛、蔡金章，总兵王孝祺、邓安邦，游击黄增胜等将领分别防守各炮台要地。西南路为南石头，距省城 10 里，是五门诸河流入省城的总汇之处，由湘军提督陶定升防守，同时在西南距省城 40 里的两河口一带，派副将利辉防守。若法军来犯，则由彭玉麟督虎门一路，张树声督黄埔一路，张之洞亲督黄埔北岸鱼珠一路，将军长善、巡抚倪文蔚负责守城。在陆防方面，于省城的东、西两路做了周密的布防，同时对海南、廉州和潮州的防务也做了部署。

不久，张树声病逝，在吊唁张树声时，其子张华奎把张树声的遗折捧了出来，请张之洞代为转奏朝廷。遗折前一段文字依旧是为自己辩护，只是语气较往日低沉，遗折的最后，张树声以一个深受厚恩的三朝旧臣的身份，郑重敦请朝廷变法自强。他说西方立国的根本在于他们有完备的教育体制，有完善的政治体系，所以才会拥有先进的轮船、大炮、电线、铁路等等，中国现在只想学其表，而不学其根本，这是解决不了根本问题的，应该采取西方的体制，再引进他们的先进技术，只有这样，才能奠定国家的长久基业。

张之洞虽不能完全赞同这个意见，但张树声临死仍念念不忘国家的忠心却强烈地震动了他。何况此刻战火已经点燃，厮杀在即，借张树声的身后之事安抚淮军，让湘淮粤三军精诚团结，一致对外，乃眼下的头等大事。于是，张之洞诚恳地对张华奎说："请大公子放心，本督将亲自拟折为轩帅请恤。"

第二天，张之洞换上素服，带着一班高级官员再次亲临祭奠，在张树声的灵前，他亲自宣读了前一天晚上他尽心尽力地为张树声拟的一道请恤折，请前总督张树声在天之灵安息。在这道奏折中，张之洞以继任者的身份，历叙张树声在两广任上的政绩，再一次为张树声洗刷这几年来所受的指摘。又追叙张三十余年来的战功，请求朝廷将其任上的处分予以解除，生平事迹交国史馆立传，并在原籍和立功省份建祠享祭，荫子庇孙。张华奎和守灵的淮军将士无不感激，郑重表示：朝廷已发出对法宣战的指令，淮军将士听从制台调遣，同仇敌忾，坚守大清南大门。后来清廷允准了张之洞的奏请，谥张树声号"靖达"。

张之洞通过化解淮军将领张树声和湘军将领彭玉麟之间的矛盾，既巩固了自己的地位，又赢得了湘淮两军的人心，一举而两得！此可谓巧结人缘。